まえがき

通貨、株、債券、その他金融商品の価値は何で決まるか――。その答えは「市場」。1ドル＝105円が妥当か、130円か、いや75円かは、誰もわからない。しかし、円の相場は毎日、時々刻々で値段がつく。売りと買いの需給で、通貨も、株も、債券、貴金属、その他商品等も、金融市場で「値」がつけられている。

では、環境、社会等の非財務要因の価値はどうか。同じく市場で値がつけられるようならば、環境破壊も、貧富の差も、新型コロナウイルスのようなパンデミック対策も、インフラも、適正価格と適正負担で、社会のなかに位置づけられるはずだ。グローバル金融市場では258兆ドル（約2京7090兆円）という膨大なフローの資金がめぐっている（注1）。これらの資金の一部を使えれば、温暖化対策も、国連の持続可能な開発目標（SDGs）の実現も、容易に達成できるはずだ。

ところが実際には、環境、社会的要因の値決めは容易ではない。というか、むしろ値をつけられないので、「非財務要因」という〝無粋な〟名称で、一括りにされてきた。値がつかない「商品」には市場のマネーは流れない。

しかし、地球温暖化、海洋プラスチック汚染、貧富、人種、宗教、ジェンダー等の差別拡大、さらには新型コロナウイルス感染の広がり等は、社会そのものの先行きを不安定にし、財務の「利」を求める市場取引自体が影響を受ける。非財務要因を無視できない事態になっているのだ。こうしたなかで、環境、社会要因を評価し、その影響を減じる共通の手法を生み出せば、環境・社会的リスクを軽減できるだけではなく、新たなビジネスチャンスを生み出す可能性が出てくる。つまり、非財務への貢献が、財務的リターンとなって「利」を拡大するとの期待も生まれるわけだ。

非財務と財務の評価が好循環で回るようになるには、多様な非財務要因に対して、市場が財務的な評価をし、一定の価格をつけられる基準あるいは手順等を設定できるかどうかにかかっている。たとえば、温暖化対応で目下、日本の企業、金融界で注目されている手法に、TCFD提言がある。「気候関連財務情報開示タスクフォース（Taskforce for Climate related Financial Disclosure：TCFD）」という作業グループの報告（注2）だ（TCFDについては第3章で取り上げる）。提言の内容は、企業が抱えているCO$_2$等の温室効果ガス（GHG）排出量や気候変動への対応力等の気候リスクを、シナリオ分析やストレステストを駆使して、将来の推移を含めて、一定の近似値あるいは代替値として開示させようというものだ。非財務の気候情報を財務情報として開示する共通手法の開発と、そのルール化を目指している。

気候関連情報に限らず、環境、社会的要因の評価、分析、情報開示を進めるには、財務報告書で開示される財務要因の情報とは異なる手法、あるいは似た手法の応用等の工夫で、価格づけのための基準の設定と評価手順等を確立する作業が求められる。本書が目指すのは、そうした非財務要因を財務評価して価格をつける（このことを本書では「サステナブルファイナンス」と呼ぶ）ための多様な取組みを紹介するとともに、それらを提唱、開発、推進する人々の思い、戦略、あるいは策略や駆け引き等にも触れることにある。誰が、何のために、どう動いているのか、という点だ。

環境、社会的要因への評価は、人によって異なる。すでに非財務の世界には、いくつもの評価、分析、開示手法等が登場している。その多くは、人々が自主的に開発したものだ。それぞれの開発者の思い、使命感等は重要であり、尊敬に値する。国家を背負っている場合もあるし、利権の維持、ビジネスチャンスをねらっている場合もあるだろう。

だが、大事なことは、市場の多数がそれらの基準や手順を使って、非財務要因を把握し、地球と人類の未来の行く末を左右する非財務の世界に、市場の資金を誘導する行動に踏み出すかどうかである。共通基準があれば、市場はそれらを軸に、冒頭で指摘したように、株、債券、為替等と同様に、環境、社会的事業を評価して売り買いし、値をつけやすくなるはずだ。さらに財務・非財務をあわせた市場取引の成果として、環境・社会的リターンと、経済リターンの両方を享受できる社会になるはずだ。

そうした環境・社会的な非財務要因の最適基準はどこにあるのか。本書は、環境・社会的要因の、非財務の、サステナビリティの、最適共通基準の構築を目指して、知恵を絞り、汗を流し、手応えを競い合う人々の取組みを追いかけた。本書の取材対象は、主に2015年末のパリ協定以降、2020年末の米大統領選挙でのバイデン勝利までを扱っている。

この間、米国は2016年のトランプ政権発足によって、気候変動問題から距離を置いた。非財務要因の基準づくりについても、政府としては後ろ向きの対応を続けた。いわば「米国不在」の5年だった。その間、かわりに欧州連合（EU）が主導権を握り、サステナブルファイナンスのフレームワークづくりを推進した。ただ、本書でみるように、「米国の影」は時折、チラついていた。2021年1月に発足した米国のバイデン政権はそうした「米国不在の時代」から一転して、地球温暖化問題でもグローバル協調路線を明確にし、リーダーシップを発揮することが期待される。ただ、同様に、サステナブルファイナンス市場の共通基準づくりでも協調路線に復帰するのかどうか。

サステナブルファイナンスという新たな金融市場の成長の可否は、政策支援だけでなく、市場自体が環境・社会的要因を取り込むための尺度となる共通基準を自律的に受け入れるかどうかにかかっている。非財務要因を評価・判断する基準の妥当性、合理性、利便性の確認だ。どちらかというと、政策主導で進められてきたEUのフレームワークを、世界最大の資本市場を抱えるウォールストリートの金融界がどう本格的に扱うのか。あるいは、米国、米市場独自の基準展開を目指すのか。ＥＵのフレームワーク自体、「現在進行形」で、域内では引き続き、政策当局、産業界、市場参加者等の綱引きが続いている。

そう考えると、パリ協定以降の5年間は、グローバルなサステナブルファイナンス基準化競争の「第一ラウンド」といえるかもしれない。２０２１年以降の「第二ラウンド」の展開を予測するうえにおいても、「第一ラウンド」に相当する5年間の、ＥＵを中心としたサステナブルファイナンスの攻防と、その背景を知る必要がある。何が問われ、何をめぐって火花を散らしてきたのか。サステナブルファイナンスの理念の追求と、新しい市場づくりの覇権を目指した攻防を検証する。

２０２１年1月

藤井　良広

（注1）Reuters, "Global debt hits record high of GDP in first quarter: IIF" https://www.reuters.com/article/us-global-debt-iif-idUSKCN24H1V5

（注2）気候関連財務情報開示タスクフォース、「最終報告書」２０１７年6月 https://assets.bbhub.io/company/sites/60/2020/10/FINAL-2017-TCFD-Report-11052018.pdf

目次

第1章 サステナブルファイナンスへの始動——1

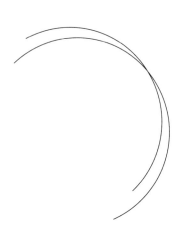

第2章

「グリーンスワンを捕まえろ」——基準化の競い合い——35

第1章

サステナブルファイナンスへの始動

シカゴの街角で

2005年初秋。米国シカゴの下町の一角で心地よい風に吹かれていた。同地を訪れたのは、ミシガン湖に沿った街並みに本拠を構えるショアバンクを訪問するためだ。

1973年に船出した伝説のショアバンク。1960年代の公民権運動、ベトナム戦争の泥沼、南アフリカのアパルトヘイト政策への金融のコミット――。庶民のお金が、銀行を通じると、望ましい使途先には流れていかない、と疑問をもった「普通の人々」が自らの手でお金の流れを変えるために銀行をつくった。それがコミュニティバンクとしてのショアバンクだった。ミシガン湖の湖畔（ショア）に立つ銀行である。

金融業を財務の視点だけからとらえるのではなく、借り手がもつ将来の可能性やいまの必要性を知り、その実現を支えるために事業の数字では表せない「非財務」面を評価したファイナンスを提供する。つまり「非財務金融」を実践するビジネスモデルを展開していた。財務主導の既存の銀行とは異なるという意味で、「オルタナティブバンク」とも呼ばれた（注1）。

同行は当時、欧州オランダのトリオドス銀行と並ぶオルタナティブバンクの代表格として知られていた。創設者の2人に取材をした。ロナルド・グレジンスキー（Ronald Grzywinski）とメアリー・ホートン（Mary Houghton）。ともに、ショアバンクの創設メンバーであり、その時点で、同行を傘下に置く持ち株会社の会長と社長を務めていた。

「われわれは地域社会のニーズを市場に投入することで、市場にとっても利便性が増すと信じている。資本主義、市場を否定するのではなく、それらをいかに使うかだ」

会長のポーランド系米国人、グレジンスキーは、元ＩＢＭのセールスマン。売りに出ていた地元の銀行を、仲間を募って買い取り、ショアバンクを設立した。「コミュニティのニーズ」に応えるための非財務金融も「市場」とつながることが大事、との視点を強調した。１９８０年代には、バングラデシュでマイクロファイナンス事業を計画していたムハマド・ユニス（Muhammad Yunus）を支援し、グラミン銀行の立ち上げを成功させた経緯もある。

２人へのインタビューを終えた後、同行の若いスタッフの人たちと街角のカフェでひと時を過ごす機会を得た。カフェでの雑談でのこと。行員の１人から「実は最近、サブプライムローン業者がわれわれの市場に進出してきて手強い競争相手なのですよ」と明かされた。リーマンショックはまだ少し先だった（注２）。

ショアバンクは、環境・自然保護活動へのファ

図表1-1　ショアバンクの２人のファウンダー

米ショアバンクの共同創業者の㊧ロナルド・グレジンスキー（Ronald Grzywinski）と㊨メアリー・ホートン（Mary Houghton）（2005年筆者撮影）

イナンスも手がけていたが、主な事業は低所得層や若いカップル等がアフォーダブル住宅（手頃な価格の住宅）を取得することを支援する住宅ローン（Mortgage Loan）の提供だった。財務的には返済能力等で課題があるため、通常の銀行からはローンを借りられない。しかし、住宅をもつことで仕事が安定すると、時間をかけてのローン返済は可能。生活基盤が改善すれば返済とともに、将来の成長資金への需要も生み出せる可能性がある。ショアバンクは、こうした借り手に寄り添い、金利の返済が滞っても辛抱強く応援するソーシャルファイナンスを展開していた。

その非財務ファイナンスの市場に、財務利益至上主義のサブプライム業者が「ライバル」として登場するとは（?·）。その3年後に顕在化するリーマンショックで「カラクリ」は露呈するのだが、その段階ではほとんどの人が、何が起きているのかよくわかっていなかった。

復習をしておこう。サブプライム業者は信用力の低い個人に貸し付けたローン債権を、市場を通じて売却する。購入した金融機関は複数のローン資産を裏付けとした証券化手法によって住宅ローン担保証券（ＲＭＢＳ）を発行する。ＲＭＢＳはリスクに応じて格付され、それをもとに、再び新しい証券化商品の債務担保証券（ＣＤＯ）が組成される。

金融機関はこれらのＲＭＢＳやＣＤＯを担保に、新たな金融商品を発行する。当初の信用リスクは高いがリターンも高いサブプライム債権は、証券化のプロセスを経ることで、低リスク・高リターンの金融商品に変貌する。そして投資家や金融機関のポートフォリオに吸い込まれるようにして組み込まれていった。サブプライム業者は低所得層に貸し込めば貸し込むほど、ローン債権も売れ、収益をあげることができる。借り手に「寄り添う」必要はまったくなく、貸してすぐに「売り飛ばす」のだからリスクもおかまいなしだ。こうして彼らは非財務ファイナンスの市場を食い荒らした。

財務と非財務の距離をどう埋めるか

ショアバンクはダンピングを重ねるサブプライム業者との競争によって資産内容を悪化させていった。借り手に「寄り添う」ファイナンスは、欲望のドアステップレンダー（戸別訪問する貸金業者のこと）に打ち負かされるのだ。リーマンショックから2年間は耐えた。だが２０１０年8月20日、同行は経営破綻し、連邦預金保険公社（ＦＤＩＣ）に接収された。グレジンスキーとホートンは銀行ごと、市場の暴走に弾き飛ばされたのだった。

サブプライムの失敗は、いまは明らかだ。失敗からの「逆説的な教訓」の1つは、財務と非財務の距離を乗り越えれば、財務の側から、投資家の膨大なお金が非財務領域に流れる、という点だ。サブプライムの場合は、「虚構の手法」で非財務市場を価格付けしたのだったが。実際、財務の株、債券等の市場自体が非財務要因の評価を必要とする状況はその後、次第に強まっている。

それを示すのが、知的財産と無形資産に関連した金融サービスのコンサルティング等を展開する米国の「オーシャン・トモ（Ocean Tomo）社」の「無形資産市場価値（時価）分析（注3）」だ。同社は、前述のショアバンクが活躍したシカゴで2003年以来、ビジネスを展開している。同社がその分野以外の市場関係者にも知られるようになったのは、企業の株式時価に占める有形資産と無形資産の構成度の独自分析による。

有形資産（Tangible Assets）は建物、工場、機械等の固定資産と原材料などの流動資産を含む。要するに「モノ」としての資産だ。これに対して無形資産（Intangible Assets）は、特許や商標権などの知的所有権、ノウハウ、経営力、さらにESG要因などが含まれる。「チエ（智恵）」としての資産であり、非財務資産である。

米株式市場の代表指標であるS&P500の構成企業を対象とした同社の分析によると、対象企業の時価全体に占める無形資産時価（IAMV）の割合は1975年には15％だったが、2020年7月時点では90％と圧倒的だ。財務諸表を読めばわかる有形資産価値よりも、企業の将来の発展可能性を秘めた無形資産への投資家の期待が、時価の大宗を占めていることがわかる。2020年は新型コロナウイルス感染拡大が株式相場にも影響した。オーシャン・トモ社が試算するIAMVは2015年の84％からさらに6％上昇している。新型コロナウイルスのような予測不可能なパンデミック（世界的大流行）の発生を受けて、それを克服するワクチン開発等のR&D（無形資産）への期待（非財務要因）

図表1－2　S&P500構成銘柄企業の時価に占める有形・無形資産の割合

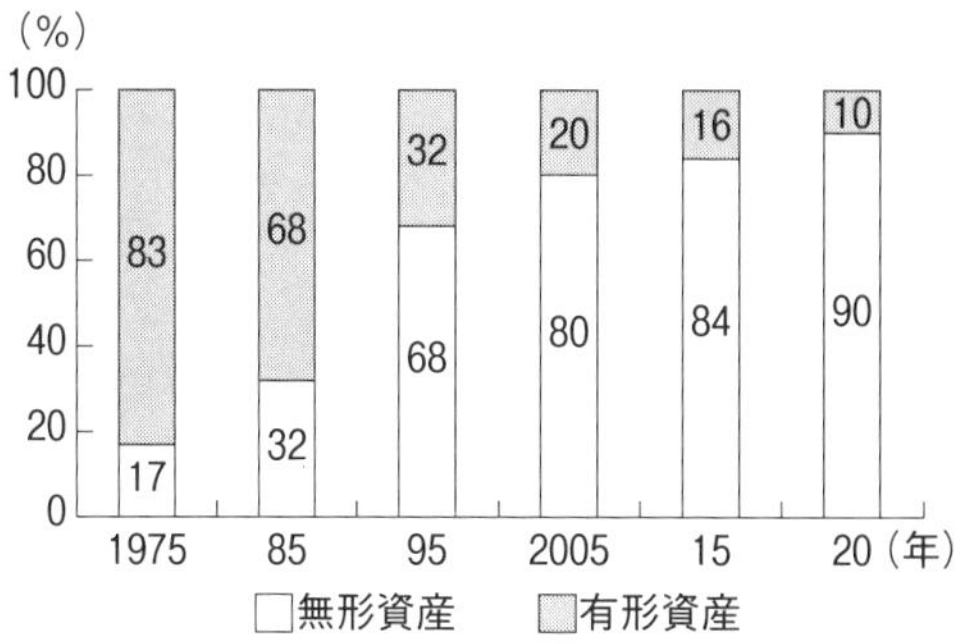

（注）2020年7月1日現在
（出所）Ocean Tomo「Intangible Asset Market Value（IAMV）Study Interim Results for 2020」より

が、２０２０年の米国株の一時の下落からの急回復を支えたことがわかる。

同社は「企業価値を高める源泉」である非財務要因のうち知的資本に力点を置く。同様に、環境・社会性配慮やブランド維持などのＥＳＧ経営力が、サステナブルファイナンスの支援を受けて、再エネや省エネ等への事業強化としてつながると、有形資産と無形資産が連動し、企業価値を一段と高める好循環につながる期待がある。

無形資産、あるいはＥＳＧの非財務市場に対して大量の資金供給が必要なのは、地球温暖化問題のような、グローバルな課題に対して、限られた時間のなかで、人類全体が対応することを迫られていることが大きい。温暖化問題だけではない。ショアバンク破綻から10年後の２０２０年に、世界中に広がった新型コロナウイルス感染問題や、廃プラスチックによる海洋汚染、生物多様性保全等への対応の遅れ等がグローバル課題として人類全体に突き付けられている。

財務と非財務が切り離されていることのリスクが、多様になり、複雑化し、スケールアップし、グローバルに広がっているのだ。その一方で、サブプライムやリーマンショックの時も、「虚構の手法」とは別に、金融市場にESGやサステナビリティ等の非財務要因を評価させ、それらに価格をつける「サステナブルファイナンス」の取組みが、いくつか動き出していた。それらの先駆的ないくつかの動きをさらにさかのぼってみると、この後、各章でみるように、20世紀後半には、すでにそれらの芽となる行動が各地で起きていたことがわかる。ただそれらが、目に見えるマネーの流れとして顕在化するのが、リーマンショックの前後だった。

リーマンの失敗からの回復への期待か、あるいは、虚構の市場に踊らされるほどに、財務の投資市場にあふれる資金が行き場を失っていたことへの反省か、はたまた、リーマンショックで〝地獄〟を味わった金融機関、金融市場が、本気で自らと社会の持続可能性に向き合い始めたのか――。そうした推論の答えを得る前に、背景となるいくつかの動きを振り返っておこう。

国連主導の金融イニシアティブ

財務と非財務の距離を縮める取組みは、リーマン以前から始まっていた、と指摘した。その1つが国連の活動である。

時代をさらにさかのぼって、1991年。翌年にブラジル・リオデジャネイロで開く「地球サミット（国連環境開発会議）」を前にして、国連環境計画（UNEP）の当時の事務局長、ムスタファ・トルバ（Mostafa Tolba）は複数の国際的な金融機関に声をかけた。「『持続可能な開発』の実現に向けて、金融機関が役割を果たせるのではないか。地球サミットで金融界のイニシアティブを打ち立てられないか」

エジプト出身の科学者でもあるトルバは1972年にスウェーデンで開かれた初の国連人間環境会議に、エジプト代表団を率いて参加した筋金入りの環境外交官だった。ストックホルム会議で設立が決まったUNEPにポストを得るや、3年後に事務局長となり、17年間その座を占めた。トルバの視点は「南北」。途上国の環境・開発に先進国の資金をどう誘導するかという点だ。いまも国連全体の視点は、基本的に「南北」にある。

老練の外交官が声をかけたのは、ドイツ銀行、英HSBC、同ナットウエスト、ロイヤルバンクオブカナダ、豪ウエストパックの5行。5行は作業チームを編成した。翌年の地球サミット直前の1992年5月には、メンバーは約30行に増えた。これらの国際的な銀行団は米国ニューヨークで「銀行による環境および持続可能な発展に関する宣言」を採択、Finance Initiative（FI）が動き出した。

UNEPはさらに保険業界も組織化し、1997年に保険産業イニシアティブ（Insurance Industry Initiative：III）が立ち上がる。両イニシアティブは、2003年には統合され、今日のＵＮＥＰ ＦＩとなる。

ただ、新しい組織への金融機関による宣言、署名は広がるものの、財務市場から非財務市場へのファイナンスの流れが目に見えて動き出したわけではなかった。銀行、保険とも、自ら投融資先、引受先のリスクをとってファイナンスを提供する。環境や社会課題の重要性は理解しつつも、それら非財務要因のリスクを軽減する手法やリスクそのもののデータ等が不十分ななか、「宣言だけでは動けない」という状況が続いていた。

トリプルボトムラインからＥＳＧへ

この間、ＵＮＥＰ ＦＩの代表を務めていたのは英国のポール・クレメンツ・ハント（Paul Clements-Hunt）。ハントは２００４年、銀行、保険に続いて資産運用分野を巻き込むためのワーキンググループ（ＡＭＷＧ）をＵＮＥＰ ＦＩ内で組織した。同ＷＧには、米ゴールドマン・サックスや仏ＢＮＰパリバ・アセットマネジメントなど12機関が参加、日本からも日興アセットマネジメントが加わった（注４）。

ＡＭＷＧはＥＳＧ（環境、社会、ガバナンス）概念を整理し、それらを金融ビジネスに統合することを使命とした。そのための作業としてＥＳＧクライテリアのセクター別金融分析と、賛同する機関投資家の取り込みを目指した。おそらく、ＥＳＧの概念を明確にしたのは、このＡＭＷＧの作業が初めてと思われる。それまでは環境・社会分野の重要性を強調する場合は、トリプルボトムライン（ＴＢＬ）の概念が主に使われていた。

ＴＢＬは英コンサルティング組織のSustainAbility社（注５）を立ち上げたジョン・エルキントン（John Elkington）が１９９４年に提唱した概念とされる。企業価値は財務価値だけでなく、環境・社会の価値もふまえた「Profit, People, and the Planet」の３つのボトムラインをふまえるべき、というものだ。財務と非財務を同じ目線で見て、企業価値をＴＢＬで統合化するというエルキントンの提唱は、いまも色褪せてはいない。

ただ、資産運用、機関投資家の視点からは、知りたいのは財務よりも非財務のリスク評価にある。「財務は（業績を）みればわかる」。「みえない環境・社会の非財務要因」を評価するクライテリアがほしいというのが、機関投資家等の実務的な要請だったのだろう。

ＡＭＷＧは企業の社会的責任（ＣＳＲ）の議論をふまえて、ＣＳＲを企業外での社会への責任（Ｓ）と企業内での組織運営の責任（Ｇ）に分け、企業の環境負荷（外部不経済）であるＥと並べた。ＥＳＧをＴＢＬの概念と比べると、ＴＢＬは財務・非財務の統合目線であるのに対して、ＥＳＧはすべて非財務要因であることに気づく（したがって、後に財務との統合化の議論が出てくる）。

ＡＭＷＧは、長年、財務運用を手がけている資産運用機関や機関投資家にとっては、財務・非財務を同等に置くＴＢＬよりも、不確実性の漂うＥとＳとＧの非財務要因を総合的に評価する視点を強調するほうが取り組みやすいと考えたのではないか。

ＰＲＩの誕生

財務・非財務要因の取扱いという微妙な調整作業を経て、２００６年4月に責任投資原則（ＰＲＩ）が生み出される。年金、保険などの資産保有機関とアセットマネジメント等の資産運用機関、さらにそれらに対する助言機関（サービスプロバイダー）をメンバーとして、資産運用におけるＥＳＧ投資を推進する団体が誕生した。

ここで、ＵＮＥＰ ＦＩのもとにすでにある銀行、保険の協力組織と並べて、資産運用業を組織化するのではなく、独立の機関としてＰＲＩを設立したのは、当時、ＦＩでインターンとして働いていたというジェームズ・ギフォード（James Gifford）のアイデアとされる。豪シドニー大学の大学院生だったギフォードは機関投資家による企業への対話等の株主エンゲージメント活動を、ＥＳＧパフォーマンス改善の重要手段とするテーマの論文を書いている（注6）。ＰＲＩの提案はギフォードにとって、自らの研究成果と実践活動を統合するかたちでもあったようだ。

ＦＩ代表のハントは、ギフォードのアイデアを支援しただけではなく、自らもＰＲＩの創設理事会およびアドバイザリー委員会代表として横滑りで移籍した。ギフォードを引き連れて（否、逆かも）。ギフォードは創設事務局長（Executive Director）としてＰＲＩに入り、２０１３年まで在籍、ＰＲＩ拡大のカジ取りを担った。その後、いくつかの大学と資

図表1-3　PRIの署名機関の推移

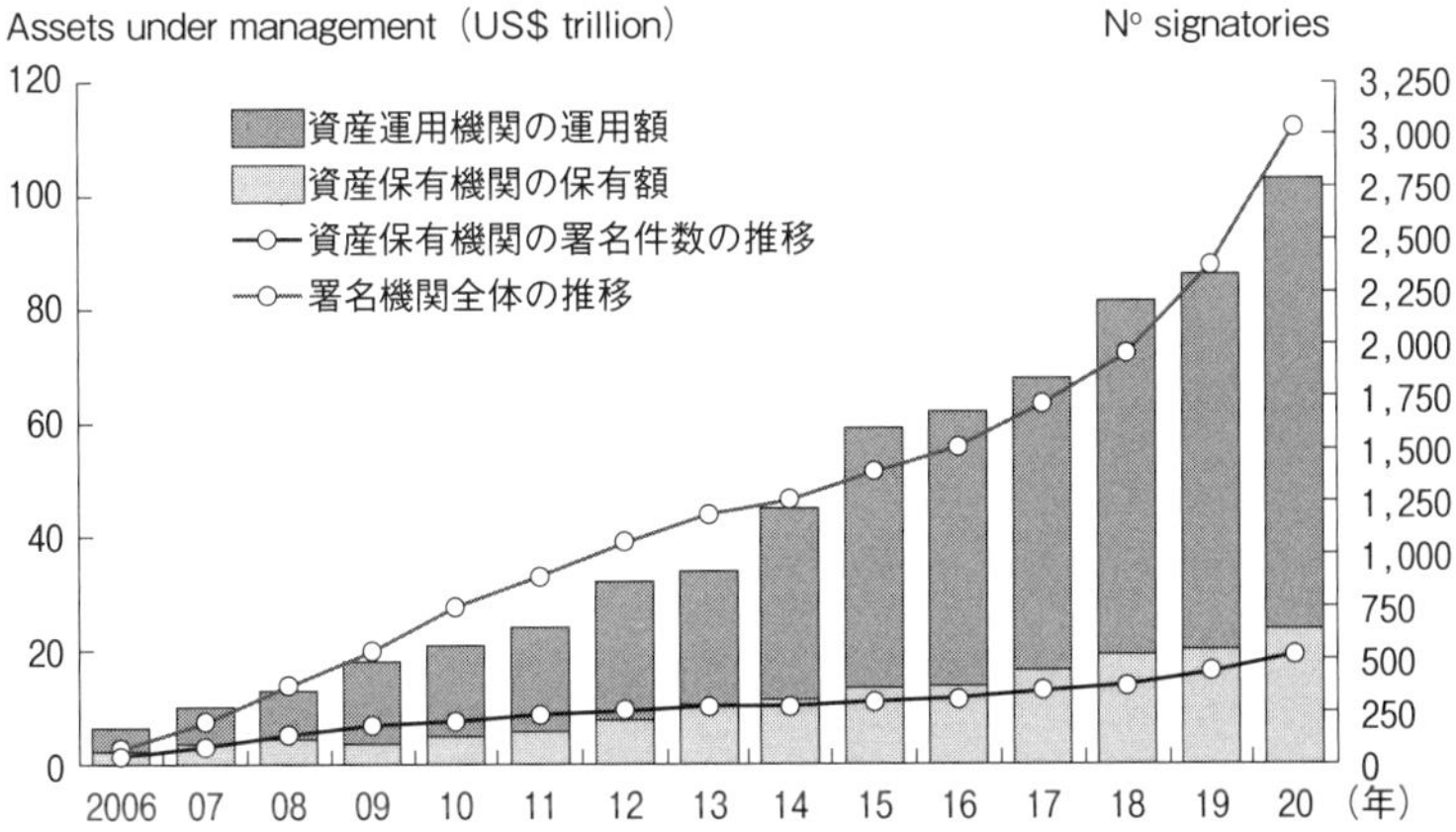

（出所）　PRIウェブサイトより

産運用ビジネスの間を行き来しているという。

資産運用の世界でＥＳＧ投資が広がるうえで、ＰＲＩが果たしてきた役割は大きい。現在の署名機関数は３０００機関を超える（注７）。日本の署名機関も82を数える。ＰＲＩの署名機関はＰＲＩが定める６原則を遵守することが求められる。原則は、①投資分析と意思決定のプロセスにＥＳＧ課題を組み込む、②活動的な資産保有者として、資産運用方針にＥＳＧ課題を組み入れる――などだ（注８）。

この原則に署名した年金、保険等の機関投資家は、自らの投資ポートフォリオのＥＳＧリスクを考慮して、ＥＳＧ評価の高い投資先を選好する行動をとる。そうすると、年金等は長期投資が基本なので、ＥＳＧ配慮の事業展開をしている企業にはＰＲＩ署名の機関投資家等から安定資金が流れ込みやすくなる。一方、資産運用機関はそうした機関投資家の選好を支援する商品・サービスを提供することで、新たなビジネス機会を得ることができる。ＥＳＧの非財務要因の評価・分析には、サービスプロバイダーが活躍するので、彼らもＰＲＩ拡大は自らの事業拡大につながる。

だが、課題もあった。ＰＲＩは資産運用における財務・非財務のギャップを縮小する点では役割を果たしてきたものの、ＵＮＥＰ ＦＩが当初目指した「南北」の資金移動を促す側面にはあまり大きな影響をもたらさなかったといえる。署名機関が増大して、責任投資の意識は機関投資家全体に広がったはずだった。だが、署名機関においても多様な開きがあった。ＥＳＧ投資に積極的な投資家だけでなく、ＰＲＩの動きをフォローする受け身の投資家も少なくないとみられる。また、ＰＲＩはＵＮＥＰ ＦＩの活動からは組織的に独立したＮＰＯ（英国のＮＰＯ）なので、時にＵＮＥＰとの足並みの違いが生じる場面もあったようだ。

いまだに日本ではＰＲＩについて「国連責任投資原則」と紹介する向きがある。ＰＲＩは実質的にＵＮＥＰ ＦＩから生み出されたが、実態は1つのＮＰＯ。ＵＮＥＰは同じ国連のグローバルコンパクトとともに、ＰＲＩの支援者の位置づけでしかない。ＰＲＩ自体、いまや、3000を超す膨大な署名機関からの会費で潤沢な収益をあげている。非財務活動で最も成功したNPOの1つといえる。一方のUNEP FIのほうは後述するように、リーマンショックを挟んで、PRIを「支援しつつ」、より国際的な要請を反映しやすい「金融機関のインセンティブ対策」の構築を志向するようになっていく。

グリーンボンドの登場

UNEP FIがPRIを生み出してからほどなく、後にサステナブルファイナンスの主要手段となるグリーンボンドが産声をあげる。2007年に欧州投資銀行(EIB)が株リンクインデックスボンドとしてClimate Awareness Bond(CAB)を発行した。EIBの第一号CABボンドは、金利が株式指数に連動する仕組みだったのだ。次いで翌2008年に世界銀行(IBRD)がスウェーデンのスカンジナビア・エンスキルダ銀行(SEB)と共同で33億5000万スウェーデンクローネ建て(約392億円)のグリーンボンドを初めて発行した。

この世銀のグリーンボンドは2007年末のインドネシアでのCOP17で、途上国が温暖化対策に取り組む合意にこぎつけたことを受け、途上国向け温暖化対策の資金調達手段として打ち出された。「南北」を重視した対応だ。非財務の環境・気候変動対策、特に途上国でのプロジェクト支援のために新たな債券商品を開発し、年金、保険等の機関投資家向けの投資商品のモデルとして世に問うたわけだ。

世銀はこの後も、定期的にグリーンボンドを発行し、途上国での温暖化対策を後押ししていく。第4章でみるように、世銀のグリーンボンドフレームワークは、その後の市場ベースのグリーンボンド原則（GBP）の土台となっていく。2010年には世銀グループの国際金融公社（IFC）も追随、EIBはCABに力を入れていった。ただ、ここにもリーマンショックの影響が影を落としていた。

世銀等の国際公的金融機関のグリーンボンド発行は、いずれもリーマンショックの影響が金融市場に残り、資金の流れが鈍化しているなかでの取組みだった。途上国への資金の流れが細るなかで、国際公的金融機関として、それらの途上国に気候変動対策資金を供給するという政策目的に沿っての行動だった。世銀の融資の場合、融資は事業に対してではなく加盟国への融資となる。その際、すべての加盟国に同一の融資条件を適用し、その融資条件は資金調達に係るコストに手数料のスプレッドを数パーセント上乗せする仕組みをとる。グリーンボンドの発行も同様だ。金融市場の需給をふまえ、自らの信用力で発行する民間の債券とは仕組み的にも異なる。

国際公的金融機関のグリーンボンドはその後も着実に増えていった。だが、財務主導の国際資本市場が引き続きリーマンショックの混乱の余韻を引きずるなかで、民間発行体によるグリーンボンド市場が立ち上がるのは、まだ少し先だった。投資家はグリーン事業などの非財務要因への「投資」を決断するために、新たな市場基準の登場を待っていた。

ＥＵを動かした欧州債務危機

サステナブルファイナンス分野で、現在、グローバルなリード役であることを自他ともに認めるのがＥＵである。２０１８年にサステナブルファイナンス行動計画を打ち立て、２０２１年末に向けて、グリーンタクソノミーやグリーンボンドの基準化、ＥＳＧ等の非財務情報開示の法制化強化等のフレームワークづくりを総合的に進めている。２０１９年12月就任のウルズラ・フォンデアライエン（Ursula Gertrud von der Leyen）欧州委員長は「欧州グリーンディール（ＥＧＤ）」を提唱し、サステナブルファイナンスをその基軸に据えた展開・発展を目指している。さらに、これらのＥＵ基準をグローバル基準にしようとする戦略は明確である。

このＥＵのサステナブルファイナンス戦略もリーマンショックが引き起こした混乱と無縁ではない。後述するように、むしろ、リーマンショックとその余波が、ＥＵのサステナブルファイナンス・シフトを生み出したといえるのだ。

リーマンショックの衝撃は世界中に及んだ。だが、最も深く、長く苦吟したのは、震源地の米国よりＥＵだった。米国は公的資金注入の緊急措置によって、亀裂の入ったウォールストリートの大金融機関を政府の管轄下に置き、比較的短期間でリスクを封じ込めた。これに対してＥＵでは、米国市場での損失に続いて、ＥＵ各国の積年の構造的課題が相次いで露呈し、危機の連鎖が表面化したのである。

この点も振り返ろう。2009年後半に発覚したギリシャ危機を端緒に、2010年から2013年にかけて（ギリシャ、キプロスは2014年まで揺れた）欧州債務危機が燃え上がった（注9）。それまでEUは、1998年に欧州中央銀行（ECB）を設立、翌年から単一通貨ユーロを導入し、金融市場の統合・強化が進んだかにみえていた。

だが、リーマンショックでCDO等の証券化商品の「格付偽装」が発覚した後、市場の疑念はEU各国の国債への信頼性にも波及していった。「ソブリン・リスク」である。放漫財政が続く国への格付不信が広がった。非難を受けた格付会社が格付を厳格化して格下げすると、対象国は借換コストが高まり、財政負担が増大する。そうなると、さらに格付が下がり、財務不履行（デフォルト）リスクが高まる悪循環に陥った。発行体の信用リスクを対象とするデリバティブを使ったクレジット・デフォルト・スワップ（CDS）の取引が、逆に危機をあおったとの指摘もある。

ギリシャに続いて、アイルランド、ポルトガル、スペイン、イタリア、ハンガリーなど、財政課題を抱える国々の国債が次々と売られ、EU市場全体がデフォルト・リスクに直面した。EUが悪戦苦闘を重ね、危機を封じ込めるまでに、数年の期間を要した。

欧州債務危機の最大の要因は、通貨は統一され、金融政策も一体化したものの、資本市場が各国バラバラのままであった点だ。同じユーロ建て国債でもドイツ国債とギリシャ国債では信用力ギャップがある。しかも同じユーロ建てとして比較されるので、リスクが顕在化すると、ギャップはさらに明瞭になる。こうした信用力ギャップの存在は、危機の際に必要以上の資金移動（逃避）をあおる。実際にそうなった。

資本市場同盟（CMU）の模索

当時の欧州委員会委員長はジョセ・バローゾ（José Manuel Durão Barroso）。ポルトガル首相も務めた老練な政治家だが、自らの国も金融市場のターゲットとするマネーの奔流に翻弄された。2014年11月にバトンを受けたルクセンブルク元首相のジャン＝クロード・ユンケル（Jean-Claude Juncker）は、分断されていたEUの資本市場を統合する「資本市場同盟（Capital Markets Union：CMU）」を打ち出した。ルクセンブルクは投資信託等の拠点が集積する金融国家でもある。CMUを担当する欧州委員には、ロンドン・シティの国際金融市場を抱える英国のジョナサン・ヒル（Jonathan Hill）が就いた。

委員会は翌2015年9月に最初のCMUの行動計画を公表した（注10）。同計画は、EU市場を、企業の資金調達の場としての資本市場へ、投資家にとっての魅力ある投資市場へ、そして長期投資市場へと、転じるための改革案を並べた。そのうちの長期投資の1つに「サステナブル投資」が盛り込まれたのだ。ただ、当初は計画のなかでのウェイトは決して重くはなかった。

ヒルは就任に際しての欧州議会でのヒアリング時に、CMUの軸となる資本市場強化のための金融手段として、狭義のサステナブル投資であるインフラ投資の欧州長期投資ファンド（ELTIF）とグリーンボンドを例示していた。ただ、就任後も、「グリーン」「クライメート」「サステナビリティ」にはあまり言及せず（注11）、サステナブルファイナンスを限定的にとらえているようにみられていた。

CMUの立ち上がり当初は、このように力点が定まっていないようにみえていた構図が変更され、CMU改革の軸がサステナブルファイナンスに集中するようになるのは、その後のEUを取り巻く内外のさらなる環境変化があったと思われる。その変化の1つは、EUだけでなくグローバルな枠組みの変化を求める動きの立ち上がりだった。2015年9月の国連総会で採択された持続可能な開発目標（SDGs）であり、同年11月のパリでの国連気候変動枠組条約第21回締約国会議（COP21）によるパリ協定合意だ。さらにもう1つのイベントも影響したとみられるが、その点は次章でみることにする。

EU内での変化としては、EUの温暖化対策の機能不全という事態があった。欧州債務危機の影響で欧州域内排出権取引制度（EU－ETS）も制度的な課題を露呈していた。

EU－ETSの機能不全

EU－ETSはCO_2排出量の多い産業設備全体に総量排出規制をかけ、対象産業の

CＯ$_2$排出量削減を市場取引（キャップ・アンド・トレード）で調整する仕組みだ。２００５年にスタートした。同様のＥＴＳ制度は、米国の東部10州による地域温室効果ガスイニシアティブ（ＲＧＧＩ）や、カリフォルニア州等のほか、中国、韓国、ニュージーランド等も取り組んでいる。だが、先行したＥＵ－ＥＴＳは制度がカバーする業種も多く、市場規模も大きい。同制度の世界モデルでもある。

ＥＵ－ＥＴＳは対象となる産業の各事業所に割り当てられる排出量の許容枠を段階的に強化して、全体の排出量を抑制していくアプローチをとる。このため、自らのＣＯ$_2$排出量を許容枠以上に削減できる能力のある企業は、規制の強化に対応できるだけではなく、自らの余剰排出量（カーボンクレジット）を他企業に売却して利益も得られる。「アメとムチ」の政策である。

ＥＵはこのＥＵ－ＥＴＳを、２００８年から２０１２年にかけて実施した京都議定書第一約束期間の目標達成のための主要政策として位置づけた。そのため、２００５年から２００７年までをＥＴＳの助走のための第一フェーズとしたが、本格展開の第二フェーズ（２００８年から２０１２年）はリーマン・欧州債務危機の期間と重なってしまう。

第二フェーズの冒頭、同制度に対する市場の期待も高く、カーボン価格はＣＯ$_2$換算１トン当り35ユーロ近くあった。だが、リーマンショックの影響で一気に10ユーロ以下に暴落した。欧州経済全体が不況に突入した結果、産業部門からのＣＯ$_2$排出量が急減。

図表1-4　EU-ETSのカーボンクレジット価格の推移（2005～2012年の間）

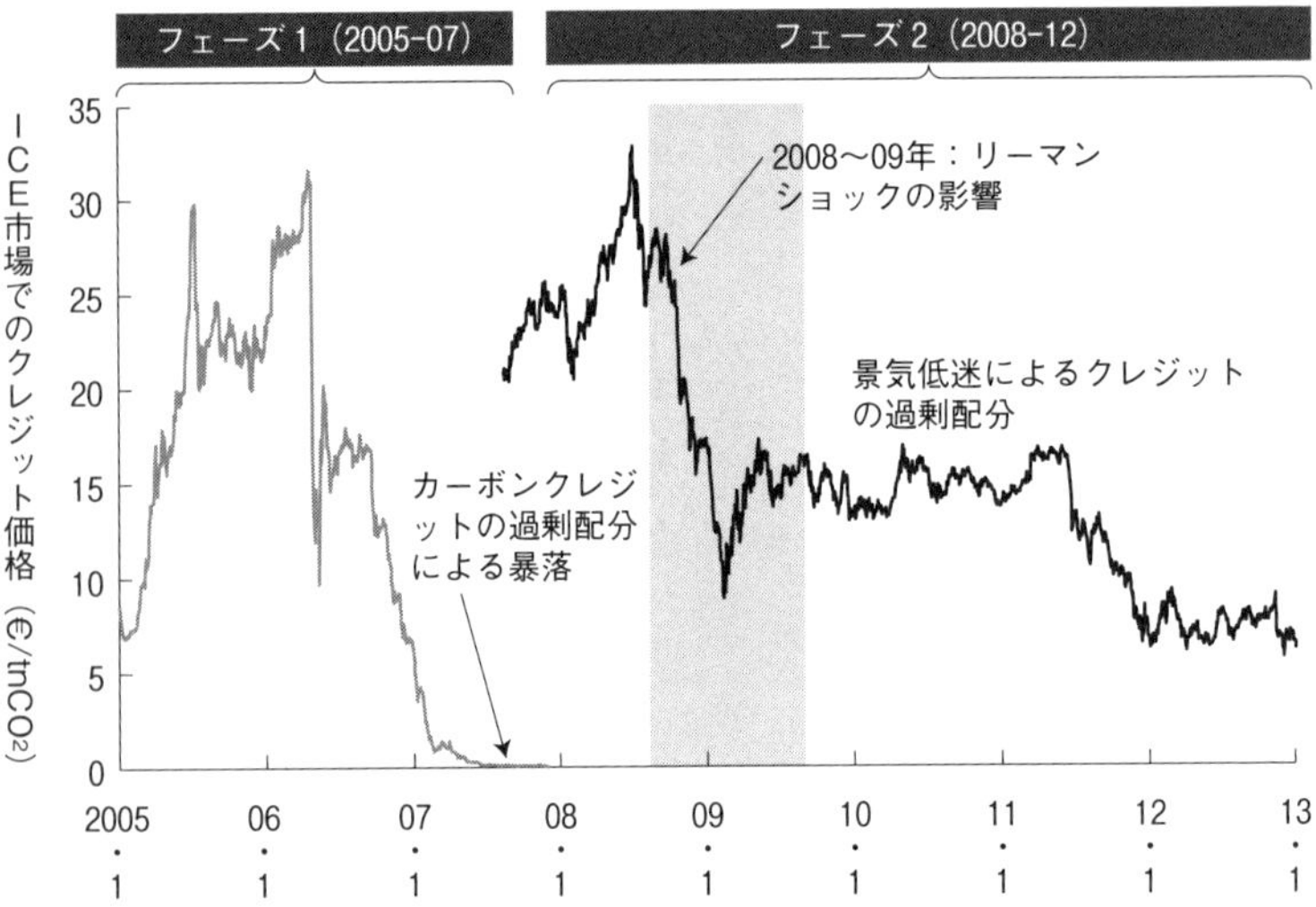

（出所）ゴールドマン・サックス「Carbonomics」June 16 2020より筆者作成

ETSでカーボンを調達する需要が急減したためだ。2013年から2020年には第三フェーズに移行するが、カーボン取引の低迷は続き、2019年にカーボン価格を調整する公的な市場安定化リザーブ（Market Stability Reserve：MSR）が稼働するまで事実上の機能不全状態が続いた。

EU-ETSを使わなくとも、欧州経済の低迷で企業部門からのCO_2排出量が減り続けたことは、結果として温暖化対応が進んだことにもなる。ただ、EU-ETSの役割である「カーボンの価格づけ」機能も同時に消え失せたかたちとなった。そうなるとEUの気候変動対策の「持続可能性」自体が危うくなる。こうした環境下で、EUはEU－ETS修復作業を進めながら、新たな気候変動での効果的な政策手段を探し求めていた。そして、サステナブルファイナンスに次第に目を転じていくことになったと思われる。

揺れ動く米国の環境・気候変動政策

2020年11月の米大統領選挙で、激戦の末、民主党のジョー・バイデン（Joseph Robinette Biden, Jr）が、温暖化懐疑論も口にしてきたドナルド・トランプ（Donald John Trump）を破った。第46代大統領として2021年1月に就任した。サステナブルファイナンス市場づくりをめぐる米国の動きは、どう変わるか。

米国の環境・気候変動政策は大統領と議会のスタンスの違いで左右される。ビル・クリントン（William Jefferson Clinton）大統領（民主党）は1997年の京都議定書に署名した。だが、共和党優位の議会に覆され、批准は宙に浮いてしまった。2001年に政権の座に就いたジョージ・W・ブッシュ（George Walker Bush）大統領（共和党）は議定書の批准見送りを宣言した。その後の民主党のバラク・オバマ（Barack Hussein Obama）大統領はパリ協定に署名したものの、2017年に就任した共和党のトランプ大統領が協定離脱を宣言し、実際に2020年11月4日に正式離脱して、ひっくり返した。

バイデンは、選挙戦の勝利確実となった段階で、即座にパリ協定への復帰を宣言した。オセロゲームのように目まぐるしく米国の協定参加の是非が変わり、そのたびに世界が一喜一憂するが、それだけ、気候変動のグローバルな政策フレームワークにおける米国の存在感が大きいことを意味する。バイデンは、協定復帰とともに、選挙期間中から2050年の温室効果ガス（GHG）排出量ネットゼロを宣言しており、サステナブルファイナンスの分野でも米国の主導権を「復権」させる方向にカジを切るとみられる。

バイデン政権は、2021年1月のジョージア州の連邦上院決選投票でも勝利し、上院議席の過半数を占めた。上下両院で多数派を得たことで、温暖化関連の法案の成立も容易になる。議会での「ねじれ」解消で、2050年のネットゼロに向けた米欧間の政策協調は明瞭になると期待される。

ただ、市場での基準づくりは政策運営と微妙に異なる。サステナブルファイナンス市場については、後述するように、EUがフレームワークづくりを先導してきた。しかし、先にも述べたがEUの資本市場はリーマンショックで分断され、その復権のなかからサステナブルファイナンスが生まれてきたという経緯がある。一方で、米資本市場は、より巨大で、より強靭だ。ウォールストリートである。民主、共和の政治の思惑とは別に、市場の利害が優先される。仮に、米欧市場間で、サステナブルファイナンス市場の軸となる非財務要因選別の基準・ルール等が共通化できないと、協調路線が競合路線に転じる可能性も生まれてくる。共通化できた場合でも、グリーン&サステナブルファイナンスの資金の流れをめぐって覇権争いに転じる可能性もあるのだ。その点の見極めは本書のメインテーマの1つである。

総じて民主党の大統領は歴代、環境・気候変動政策を重視してきた。その点は、バイデンも踏襲するのは間違いないだろう。ただ、米国では、金融面から環境・気候変動を支援するために、サステナブルファイナンスの市場づくりを推進するという「政治的インセンティブ」は、これまでのところ、EUほど強くはなかったと思われる。その理由は、大統領選挙のたびに変わる政策フレームワークや、連邦議会との関係という政治要因に加えて、米ウォールストリートの資本市場は世界最大の資本の集中と市場の奥深さを誇る。環境、社会等の非財務要因へのファイナンスが「利」を生むならば、市場が当然のごとく、自ら動くと考えられるからだ。第4章でみるように、グリーンボンドの市場基準を立ち上げたのも、ウォールストリートのサステナビリティ派の金融人たちだった。

「不在」だった米国の「帰還」

市場のことは市場に任せる(リーマンではそうはいかなかったが)ことが優先される米国。前述のオーシャン・トモ社の無形資産評価のように、新型コロナウイルス感染も、新薬・ワクチン開発の期待でプラス評価され、景気減速下での株価高騰を生み出した。同様に、政治のリーダーシップも市場で評価される。

たとえば、オバマからトランプへの政権移行期のエネルギー政策をめぐる攻防の象徴となったのが、オバマが共和党多数の連邦上院のカベをすり抜けるため、州法によって石炭火力を規制するクリーン・パワー計画（CPP）だった。トランプはCPPを訴訟で封じ込める戦略をとり、「石炭復権」の旗を振った。だが、共和・民主両党の政治攻防や大統領の復権宣言にもかかわらず、米エネルギー市場は、焦点の石炭を選択せず、コスト低下が続く再エネや、シェールガス・石油等を選んだ。市場の資金もそちらに流れ続けた。

グリーンボンド発行市場も、実はトランプ時代も含めて、米国が一貫して世界市場のリード役を果たしている。基盤とする資本市場の大きさに加えて、グリーンボンドの資金使途となるグリーン事業が自治体単位、企業単位で豊富に展開されているためだ。ただ、米資本市場を超えたグローバル市場に及ぶ基準化、ルール形成となると、条約等の国際取決めにかかわるため、市場も政権の意向を無視するわけにはいかない。特に気候変動対応のように、各国の政策を左右する課題の場合はなおさらだ。

しかし、第3章でみる気候関連財務情報開示タスクフォース（TCFD）の提言をはじめ、いくつかの国際的な政策関連の場面では、トランプ政権の目をかいくぐるように、「不在」のはずの米国の姿が見え隠れした。サステナブルファイナンス市場づくりでは、米国のサステナビリティ派の姿を隠すように、前面に立ってきたのがEUだったとの見方もできる。

こうしたEUが先導するかたちの米欧関係はトランプ時代では、ある意味で妥当だったかもしれない。だが、米欧経済の実際の力関係、あるいは資本市場の比較からすれば、アンバランスだったともいえる。バイデン政権では、サステナブルファイナンス市場づくりでも米国が明確なリーダーシップを発揮するのは間違いないだろう。

バイデンは選挙期間中に、トランプ政権下で離脱したパリ協定について、「大統領就任式の直後に復帰する」ことを明言した。協定復帰だけではない。気候変動対策を経済再生の重要な政策に位置づけた「バイデン計画」では、「2050年までのネットゼロ」を実現するため、大統領就任期間の4年間で2兆ドル（約210兆円）の大型投資を表明している。トランプとオバマが綱引きをした発電所については、2035年までにCO_2排出量をゼロとするとして、石炭火力廃止の方向性を示した。電気自動車については、生産・購入支援の税制優遇措置や、全米50万カ所の充電スタンド設置等で100万人の新規雇用創出を生み出すこと等を公約している。

バイデン政権のこうした積極姿勢が、サステナブルファイナンスの領域にも及ぶことを意識してか、EUは早めにメッセージを送付した。2020年12月2日、欧州委員会とEU外交・安全保障政策上級代表は、バイデン陣営に向け、米欧間の「新たな未来志向（フォワード・ルッキング）の大西洋アジェンダ」を提案した。そのなかで、「2050年ネットゼロ」をふまえたサステナブルファイナンスの諸施策の共通化での協力作業を求めた。作業提案の内容は、カーボンリーケージの回避策（カーボン国境調整メカニズム）や、タクソノミーを軸としたサステナブルファイナンスのグローバル規制フレームワーク等である。米欧首脳会議は2021年上半期に開催される予定だが、言外にはEUがこれまで築き上げた路線への協調か、あるいは新たな競合かの問いがあるようにも読める。

バイデンは気候変動担当の大統領特使に、ジョン・ケリー（John Kerry）元国務長官を充てたほか、実質的な司令塔となる新設の国家気候変動問題担当の大統領補佐官に、元環境保護庁（EPA）長官のジーナ・マッカーシー（Regina McCarthy）を起用した。マッカーシーはマサチューセッツ、コネチカット両州で環境行政を担当後にEPAに転じた経歴をもつ環境政策のプロだ。サステナブルファイナンス等の市場分野は証券取引委員会（SEC）が担当する。トランプ政権下で任命されたSEC委員長のジェイ・クレイトン（Jay Clayton）は2020年末に退任しており、バイデン政権が任命する新委員長の手腕が注目される。

米国だけではなく、プレイヤーは多極化している。EUから離脱した英国は、ロンドン・シティの基盤維持のため、EUとは微妙に異なるサステナブルファイナンス戦略を打ち立てようとしている。中国の存在も無視できない。習近平国家主席は2020年9月の国連総会で、2060年までに「GHG排出量ネットゼロ」宣言をした（注12）。国内のエネルギー需要の6割を石炭に依存しながら、同市場のエネルギー転換と、「一帯一路イニシアティブ（The Belt and Road Initiative：BRI）」をグリーン化する大風呂敷を広げたわけだ。2020年12月には、BRIのインフラ事業を3区分し、段階的にグリーン化する「グリーン開発ガイダンス」が、民間団体の名で公表されている（注13）。

米中対立がトランプ時代から修正されることで、サステナブルファイナンス市場をめぐっても、米中間の協力、あるいは攻防が展開される可能性もあるのだ。それにEUや英国が加わると、まさに新たな市場をめぐる覇権争いになる。

動き出した日本、「転換」できるか

日本はどうか。2020年9月に就任した菅義偉首相は、10月の所信表明で、「2050年GHG排出量ネットゼロ」を掲げた（注14）。EU諸国が「2050年ネットゼロ」に加え、2030年55％削減という高いハードルを法的目標とするほか、先の中国・習近平主席の宣言、米国の政権交代等を考慮したうえでの判断とみられる。

菅首相の宣言を受け、2020年12月、政府の成長戦略会議に「2050年カーボンニュートラルに伴うグリーン成長戦略」が報告された。その内容には、①2兆円基金の設定、②非効率石炭火力発電所の廃止、③2030年代半ばでのガソリン車・ディーゼル車の新規販売停止、④洋上風力発電事業の支援——等を盛り込んだ。

だが「２０５０年ネットゼロ」の達成を確実にするための２０３０年の中間目標は従来のまま。１９９０年度比では18％削減でしかない。ゼロを実現するにはその後の20年で、大半の82％を削減しなければならない。こうしたシナリオは、普通に考えて「非現実的」と言わざるをえない。救いは同報告が政府の閣議決定ではなく、経産省主導の報告でしかない点だ。

報告は現実的な２０３０年目標を欠くだけでなく、２０５０年時点の再生可能エネルギー発電割合を全体の５～６割にとどめ、残りの大半を石炭等の化石燃料火力発電（CO_2回収前提）と、原子力発電でまかなうとしている。石炭火力の維持も、原発再稼働拡大も、ともに不確実性を伴う。「ネットゼロ」の目標達成をさらに不確かにしかねない。

それでも、これまで「動かぬ日本」が「動き出した」と、内外の市場関係者からは注目を集めた。経産省等がこだわる石炭火力維持・原発再稼働の路線と、市場が求める「脱石炭」の長期展望をどう調節し、２０５０年目標を引き寄せられるかが、２０２１年の最大の課題だ。

その見極めのポイントは、21年中に予定される「石炭・原発」中心の現行のエネルギー基本計画を、「再エネ中心」の脱炭素エネルギー戦略に切り替えることができるかどうかだ。もう１つのポイントは、ＧＨＧ排出量の２０３０年目標の水準をどう決めるかだ。これらの点で、欧米諸国と遜色のない取組みができるようならば、日本のサステナブルファイナンス市場の本格的な発展を見込めることになる。

懸念されるのは、日本のサステナブルファイナンス市場に関連する政府の政策が分断されている点だ。現状は、環境省が環境（E）分野の政策を、経産省が資金需要の対象となるグリーン事業を、金融庁が資金を供給する金融機関を、それぞれ所管するかたちで分かれている。これに対し、社会（S）の分野は厚生労働省や文部科学省、国土交通省等に及ぶ。だが、これらの官庁が同市場づくりにどうかかわろうとしているのかは、ほとんど伝わってこない。

官庁ごとに対応せずとも、サステナブルファイナンス市場づくりに総合的に取り組む政策視点があればいいのだが、そうした動きも見出せない。官僚たちは自分たちの権限の維持に固執し、新たな分野横断的市場をつくりあげる力仕事には、そろって距離を置くようにみえる。欧米が制度化したものに乗っかるか、あるいはそれらをコピーした「日本版」を後でつくればいいと思っているのかもしれない。第4章でそうした動きにも触れる。

日本は1997年の国連気候変動枠組条約第3回締約国会議（COP3）の開催国として、京都議定書の合意の場を提供した。だが、場所を提供しただけで、明確な気候変動対策での国際的なリーダーシップは発揮できなかった。さらに2013年からの第二約束期間には自ら不参加を決め、「京都」の名を生かせなかった。リーマンショックでは相対的に邦銀が負った痛手は少なかったはずだった。しかし、そうした利点を生かそうという金融機関は残念ながら出現しなかった。いまもいない。

２０２０年12月12日。パリ協定合意から5周年を記念した国連主催の「気候野心首脳会議（Climate Ambition Summits）」がオンラインで開かれた。「２０５０年ネットゼロ」で主要国の足並みが出そろうなか、市場の関心は、２０３０年の中間目標に注がれていた。ＥＵ55％（90年比）、英国68％（同）等と、欧州勢は高い水準をアピールした。

そのなかで菅首相は、日本も２０３０年の中間目標を、21年11月の国連気候変動枠組条約第26回締約国会議（ＣＯＰ26）までに決め、パリ協定が定める国別温暖化対策貢献（ＮＤＣｓ）の改定として国連に提出すると明言した。「日本は成長戦略の柱に『経済と環境の好循環』を掲げ、グリーン社会の実現に努力していく」と。他の先進国と同じ目標に向かっていることを強調したが、目標を実現する「野心（Ambition）」はどうか。

（注１） Richard P.Taub, "Community Capitalism", Harvard Business School Press, 1988
（注２） 藤井良広『金融ＮＰＯ』（岩波新書、２０１７年）
（注３） Ocean Tomo, "Intangible Asset Market Value（IAMV）Study Interim Results for 2020". Sept 2020
https://www.oceantomo.com/media-center-item/ocean-tomo-releases-intangible-asset-market-value-study-interim-results-for-2020/
（注４） UNEPFI AMWG "Integrated Governance—A New model of Governance for sustainability".

Jun 2004

（注５） SustainAbility
https://sustainability.com/

（注６） James Gifford, “Effective shareholder engagement : the factors that contribute to shareholder salience”, Springer, Aug 2010
https://link.springer.com/article/10.1007/s10551-010-0635-6

（注７） ２０２０年10月18日時点で、３３８９件。うち資産保有機関５６９件（17％）、資産運用機関２４５７件（72％）、サービスプロバイダー３６３件（11％）
https://www.unpri.org/searchresults?qkeyword=&parametrics=WVSECTIONCODE%7c1018

（注８） PRI “What are the Principles for Responsible Investment?”
https://www.unpri.org/pri/what-are-the-principles-for-responsible-investment

（注９） 藤井良広『ＥＵの知識〔第16版〕』（日本経済新聞出版、２０１３年）

（注10） European Commission, “Action Plan on Building a Capital Markets Union”, 30 Sept 2015
https://eur-lex.europa.eu/legal-content/EN/TXT/PDF/?uri=CELEX:52015DC0468&from=EN

（注11） Jonathan Williams, “A sustainable capital markets union”, IPE, December 2014
https://www.ipe.com/esg-a-sustainable-capital-markets-union/10005664.article

（注12） 新華社「習近平主席、国連総会で一般討論演説」２０２０年９月23日
https://jp.xinhuanet.com/2020-09/23/c_139388680.htm

（注13） BRI International Green Development Coalition, “Green Development Guidance for BRI Projects Baseline Study Report.” Dec 2020 http://en.brigc.net/Reports/Report_Download/202012/P020201201717466274510.pdf

（注14） 環境金融研究機構、２０２０年10月22日
https://rief-jp.org/ct8/107679?ctid=71

第2章

「グリーンスワンを捕まえろ」
——基準化の競い合い

図表2－1　2015年12月　パリ協定で合意したCOP21

写真：© ZUMAPRESS.com/amanaimages

パリの寒空の下で

２０１５年11月30日。パリ郊外のル・ブルジュ空港跡地の広々とした敷地に世界１５０カ国以上の首脳たちが集まった。テントづくりのような簡易な建物は、風が吹くたびに「ガタガタ」と音を立てて揺れ動く。建物の隙間からは冷気が吹き込む。２週間前のパリでは同時多発テロが勃発した。人類と地球の将来への不安と不透明さを象徴するような空気が流れていた。

国連気候変動枠組条約第21回締約国会議（ＣＯＰ21）だ。２週間にわたる会議で、「世界の気温上昇を産業革命前から2度Ｃより十分低く保つとともに、１・５度Ｃに抑える努力を追求する」との目標が設定された。その協定の6条には「市場メカニズム等」として

「緩和への貢献および持続可能な開発に対する支援のメカニズムを構築する（注1）」ことがうたわれた。

「サステナブル投資」の文言は盛り込まれたが、より幅の広い「サステナブルファイナンス」の言葉は協定には見当たらない。各国政府の合意事項なので、金融市場全体をカバーする約束はできなかったということかもしれない。ただ、前章でみたように、「非財務金融」に取り組みサステナブルファイナンスの市場化を意識していたいくつかの動きは、パリ協定合意を契機に勢いを増していくことになる。

各国間に加え「プラスアルファ」の綱引き

国際的なルール形成や、市場の基準化等をめぐっては、必ず各国間の攻防が展開されるのは歴史の必然でもある。国際間の経済交渉の多くは、自国に有利なルール・基準を築けるかどうかを賭けた攻防の積み重ねだったといっても過言ではないだろう。サステナブルファイナンスもその例にもれない。ただ、サステナビリティ、非財務、ESGという分野の特性から、国同士の綱引きとは別に「プラスアルファ」の勢力が攻防に加わる。

それが、一国の利害よりも、気候変動対策や、国連の持続可能な開発目標（SDGs）の達成等に重きを置く人々だ。発展一辺倒で歴史を刻んできた人類は、いまや自らの存在の基盤である地球に過大な負荷をかけ、蝕んでいるとの懸念を隠さない人々だ。サステナビリティの概念が生み出されたのは、地球の持続可能性に疑念が生じたためである。

一国の利害を超えた人類共通の、あるいは地球規模の課題への取組みを重視するこれらの勢力が、サステナブルファイナンス市場の形成と拡大の原動力になってきたのは間違いないだろう。こうした人類としての「理念」を重視する人々や組織を、本書では仮に「サステナビリティ派」と呼ぶことにする。ただ、この派も一枚岩ではない。筆者の見立てでは、この派は大きく3つに分類できる。

まず、サステナビリティを新規の事業機会として扱う「ビジネス派」。2つ目が、サステナビリティをより厳格に追求する「理念派」ないしは「規範派」。3つ目はサステナビリティやESG等の非財務要因を、新たな手法や基準等を使い、財務要因と統合化する価格づけを目指す「市場派」。時にビジネス派が市場派に、市場派が理念派にと、重なる場面もあるだろう。

各国や各組織等において、それぞれの視点と見識をもった識者や政策担当者、実務家等が、それぞれの分野での政策・戦略・活動の立案にかかわっている。また非財務要因という性格のゆえに、各国の法制度・ルール等とは別に、民間団体が独自の自主基準を構築することも可能だ。それらの自主的な基準やルールに、合理性や適合性があると市場で認められると、事実上の共通基準として広くグローバル市場で認められる。

この点も、サステナビリティ分野の特徴だ。前章でみたPRIがそうだし、グリーンボンド市場で国際資本市場協会（ＩＣＭＡ）が管理するグリーンボンド原則（ＧＢＰ）などもそうだ。むしろ、国単位の法規制で強制的にサステナビリティの範囲を決めたり、補助金をバラまいても、グローバルな視点に照らして合理性がないと、金融市場では持続可能ではない。一国の基準よりも、民間の自主基準のほうが優先されるケースも少なくない。

しかし、法律や条約等の「政策の力」という要素が、市場において大きな要因の１つであることも、軽視すべきではない。各民間の活動にも、理念派が描く「純粋に手を携えて」取り組むという側面だけでなく、「市場での優位」を最重視するビジネス派主導の「競争・競合」の側面が常に見え隠れする。

人類の未来への危機感と、新たに広がるサステナビリティ市場への期待感とが交錯する攻防は、パリ協定を契機に表面化することになる。

浮上する「グリーンスワン」のリスク

サステナブルファイナンスで競い合う各国の官民がそろって目指すのが、気候リスクの高まりとともに浮上する「グリーンスワン」の羽ばたきを抑えることだ。グリーンスワンとは何か。

２０２０年１月、国際決済銀行（ＢＩＳ）はフランス中央銀行等とともに、気候変動が引き金となる新たなグローバル金融危機を「グリーンスワン」と名づけた報告書を公表した（注2）。ＢＩＳのルイズ・ダ・シルバ（Luiz Awazu Pereira da Silva）、フランス銀行のモルガン・デプレ（Morgan Després）、資産運用会社アムンディのフレデリック・サママ（Frédéric Samama）による共同執筆だ。

金融市場では「ブラックスワン論」が知られる。「ありえないと考えられていたことが突然発生すると影響は強さを増す」という現象だ。まさに２００８年のリーマンショックがそうだった。ブラックスワンはすべてのスワン（白鳥）は白色と信じられていたなかで、黒いスワンが発見されたことで、鳥類学者の常識が大きく覆されたことにちなんで名づけられた。元ヘッジファンド運用者でもある研究者、ナシーム・ニコラス・タレブ（Nassim Nicholas Taleb）が２００７年に金融リスクとしてとらえた（注3）。確率論や従来の知識や経験からでは予測できない極端な事象（ブラックスワン）が登場すると、

図表２－２　BISグリーンスワン報告書2020年１月の表紙

（出所）BIS「Central banking and financial stability in the age of climate change」報告書

人々はどう対応していいかわからなくなり、リーマンの時のように大きな影響を受ける。ただ、金融市場でのブラックスワンの出現に対しては、リーマンショック時に米国をはじめ、各国中央銀行・金融当局が対処したように、通常の金融調節の範囲を超える膨大な資金を供給する「非常事態対応」で乗り越えることが可能だ。ブラックスワンの出現で大慌てしているホワイトスワンたちを安心させるため、大量のエサを供給する姿かもしれない。実際、リーマンショックはこうした公的支援によって顕在化したリスクを何とか封じ込めることができた。ではグリーンスワンはどうか。

ＢＩＳ報告書の筆者たちは、グリーンスワンの場合、そうした中央銀行による公的資金による封じ込め機能が効かないおそれがあると警告している。なぜか。

中央銀行や監督当局の間では、気候リスクはいまやシステミックリスクの１つと考えられている。気候リスクの顕在化によって、企業の資産が毀損することで、金融機関が抱える債権の不良化が急激に進展するリスクがあるからだ。そこで金融当局は、気候リスクの主要要素である移行リスクや物理リスクの評価・監督を、金融安定政策や健全性監督政策に盛り込むことが求められることになる。

ただ、気候リスクが経済活動に及ぼす影響は複雑でかつ相互連関し、定量化が困難という特徴をもつ。そうした気候リスクを把握するため、次章でみるように、金融安定理事会（ＦＳＢ）の気候関連財務情報開示タスクフォース（ＴＣＦＤ）がシナリオ分析とストレステスト等の活用を提言している。

だが、シルバらがまとめたＢＩＳ報告書は「シナリオ分析は気候リスクが金融安定に及ぼす影響をとらえるうえで、部分的なソリューションでしかない」とＴＣＦＤ提言の限界を指摘する。さらに、どんなシナリオも、気候変動がマクロ経済、産業レベル、企業レベルに及ぼす影響を十分に把握することはできない、とも指摘している。

シナリオ分析等に限界があることから、システミックリスク対応を担う中央銀行等の行動自体が不確実になる可能性があるとしている。しかし、グリーンスワンによる金融危機が顕在化した際に、金融当局として立ち上がらないわけにはいかない。気候変動による金融危機が生じると、市場は「気候救済者としてのラストリゾート（Climate rescuers of last resort）」の役割を中央銀行に求める可能性があるためだ。たとえば、気候変動の顕在化で、金融機関が抱える座礁資産（Stranded Assets）を、中央銀行が大量購入して金融システムを維持する期待が高まる。

たしかに、こうした状況が現実化すると、中央銀行は責務上、市場の期待に対応しないわけにはいかない。政府からも要請がくるだろう。しかし、気候リスクの本来的な特徴から、ブラックスワン対応のように公的資金の注入だけでは封じ込められない可能性がある。金融機関に公的資金を投じても、物理リスクが顕在化していると、抑制できない。海面上昇や洪水等が起きているなかで、金融機関に公的資金を投じて、融資能力を強化しても被災後の復旧・救済資金は供給できるとしても、被害自体は抑えられない。

グリーンスワン論者は、こうした行き詰まりを打開するため、中央銀行が民間の市場関係者と協調行動をとるほか、政府の財政出動との連携、市民社会や国際コミュニティとの協力などの広範囲な協調体制を事前に築く必要があるとしている。資金供給以外の危機回避策、支援体制の整備等の展開だ。

要するに、グリーンスワンはブラックスワンより、やっかいということだ。したがって、グリーンスワンが羽ばたく前にとらえることが求められる。そのためには、サステナブルファイナンス市場を整備し、気候リスクが顕在化しないように、グリーン事業を促進し、事業・企業の脱炭素化を早急に促すための資金供給のパイプを強める必要がある、となる。サステナビリティ派の使命感を高める理論的根拠ともいえる。ちなみに、ブラックスワン論を提唱したタレブは、気候リスクへの言及はないが、新型コロナウイルス感染の拡大は「ブラックスワンではなく、ホワイトスワンだ」と指摘している。タレブのコロナ論は最終の第6章であらためて取り上げる。

先行した英国勢

世界に先駆け、2050年に向けてGHG排出量の大幅削減（当時は80％削減、2019年にネットゼロに改正）を法制化したのが英国の労働党政権である。気候変動法（Climate

Change Act：CCA）は2008年10月に施行された。法案が提案されたのが2006年11月だから、第1章でみたサブプライムやリーマンショックの混乱のなか、法案審議を重ねた結果、生み出されたことになる。

CCAの成立は、目標実現のための行動を生み出した。英下院の気候変動委員会は、同法の目標を達成するには、今後20年間に2000億から1兆ポンド（26兆9000億から134兆5000億円）のインフラ投資が必要と試算した（注4）。試算から生まれたのが、2012年末の世界初の国営環境銀行「グリーン投資銀行（GIB）」だった。

GIBの設立に際しては、英シンクタンクのE3Gのイングリッド・ホルムズ（Ingrid Holmes）やオックスフォード・スミス・スクールのベン・カルダコット（Ben Caldecott）等が立案に参画した。ホルムズは、後に英首相アドバイザーや、EUの欧州委員会のサステナブルファイナンスの土台をつくるハイレベル専門家会合（HLEG）のメンバー等も務めた。一方のカルダコットは英政府とロンドンの国際金融街シティ（City of London）が設立したグリーンファイナンス・タスクフォース（GFT）、同インスティテューション（GFI）などのメンバーとして活躍する。

彼らは英国のサステナブルファイナンス政策を支える「市場派」に分類されるだろう。英国の強みは、シティとロンドンを取り巻く大学・研究機関等の間で多くの課題をカバーする「知のネットワーク」が張りめぐらされていることだ。そこに英国外からも人材が集まり、競って策を練り、案を抱えて各地へ展開していく。こうした豊富な人材と場を提供できる場としてのロンドン・シティ市場の強みは群を抜いている。

もう少し人脈をさかのぼろう。ロンドンで活躍する多数のシンクタンクの老舗格といえるのが、第1章でみたジョン・エルキントン（John Elkington）が立ち上げたSustainAbility社だ。同社創設の1987年は国連の「環境と開発に関する世界委員会：通称ブルントラント委員会（WCED）」が「Sustainable Development（SD）」の概念を提唱した年だ。エルキントンはSDをしっかりとビジネスとして展開するわけだ。SDは1992年の地球サミットへとつながり、今日のSDGs、サステナブルファイナンスへと発展している。

当時のSustainAbility社はCSRの視点から企業の持続可能性を追求した。同時期に、非営利シンクタンク「New Economic Foundation（NEF）」も設立されている。経済主導の先進7カ国首脳会議（G7）に対抗して「The Other Economic Summit（TOES）」を展開したり、「社会、経済、環境正義」のバランスを求める提言もした。2000年には途上国債務を帳消しにする「Jubilee2000」キャンペーンを成功させている。

彼らは理念派、規範派と呼べるだろう。一方で、別途、サステナビリティとファイナンスを結びつけるうえで重要な役割を果たしたのは、1980年代から1990年代にかけてシティで立ち上がった社会的責任投資（SRI）ファンドの存在が大きい。1988年に最初の環境ファンドとしてMerlin Ecology Fund（現在はJupiter Ecology Fund）を創設したテッサ・テナント（Tessa Tennant）は、2000年に投資家主導で設立された企業の気候関連情報開示を求めるCarbon Disclosure Project（現CDP）の創設メンバーでもあった。

彼女はその後も英国の枠を超えて、各地で多くのファンドやイニシアティブの立ち上げに参画する。非財務要因の特徴は、一国の枠内に収まらず、グローバル課題であるため、各地で展開できるためだ。彼女は英政府主導のGIB等にも加わっている。非財務市場づくりのなかでの英政府の政治的戦略も熟知していたと思われる。ところが彼女は2018年7月に59歳の若さで亡くなる（注5）。サステナブルファイナンスの創成期のリーダーの1人だったことは間違いない。

そのテナントが参画したシンクタンクの1つにカーボン・トラッカー（Carbon Tracker：CT）がある。エルキントンやテナントの時代は、サステナビリティ、非財務の重要性に対する市場への啓蒙活動や、キャンペーンの重要性も大きかったと思われる。これに対して、CTは先のホルムズやカルダコットらと共通するかたちで、サステナビリティ要因を金融市場のなかに組み込むことを目指した「市場派」と呼べる。

CTはSRI分野での活動経験が豊富なマーク・カンパナーレ（Mark Campanale）、社会企業家のジェレミー・レゲット（Jeremy Leggett）、HSBCのニック・ロビンス（Nick

Robins）らが創設した。ＣＴが２０１１年に公表した「燃やせない化石燃料資産（Unburnable Carbon）（注６）」の概念は座礁資産へと発展、気候リスクが企業のバランスシートの資産サイドを毀損させるリスクを指摘した。ホワイトスワンが実は、すでにグリーンスワン化しているのでは、という問いかけともいえる。気候リスクの非財務情報を財務情報化する必要性を世に知らしめた点で、きわめて重要な概念整理だった。

ちなみに筆者は、こうした資産リスクの潜在的な存在が企業のバランスシートの負債サイドにも修正を迫ることになるとして「カーボン負債（Carbon Liability）」の概念を提唱した（注７）。炭素集約型企業は財務に影響する潜在的な非財務負債を抱えているためだ。非財務のカーボンリスクが財務のバランスシートの資産・負債の両面に潜在的な見直しを迫るという考え方は、後のＴＣＦＤ提言に通じるものである。

ＣＴが提唱した座礁資産への懸念を克服する金融手段の１つとして、グリーンボンドの一種の「気候ボンド」を商品化しようという動きが２０１０年、ロンドン・シティで生まれる。Climate Bonds Initiative（ＣＢＩ）だ。ショーン・キドニー（Sean

図表２－３ ショーン・キドニー

（出所） 筆者撮影

Kidney）と英年金運用アドバイザーだったニック・シルバー（Nick Silver）が中心メンバーだ。キドニーはＰＲＩをつくったギフォードと同様、オーストラリア出身である。オーストラリア出身者が随所で活躍しているのも、サステナブルファイナンス分野の１つの特徴ともいえる。「オージー」の行動力がサステナブルファイナンスにフィットするのだろうか。キドニーらは市場派とビジネス派の中間といえそうだ。

ＣＢＩはその後、国際資本市場協会（ＩＣＭＡ）のグリーンボンド原則（ＧＢＰ）と並ぶ市場ベースのＥＳＧ債のグローバル基準を提供し、存在感を発揮している。

英国のＥＵ離脱政策の影響

第1章でみたように、ＥＵは資本市場同盟（ＣＭＵ）の改革案の1つとしてサステナブルファイナンスを盛り込んだ。そのなかでの重点は、当初は狭義のサステナブル投資対象の欧州長期投資ファンド（ＥＬＴＩＦ）にあった、と記した。それがより広範なサステナブルファイナンスへと転換する国際的な要因として、２０１５年9月の国連持続可能な開発目標（ＳＤＧｓ）と、同11月の国連気候変動枠組条約第21回締約国会議（ＣＯＰ21）でのパリ協定合意を指摘した。もう1つの転換要因は、英国のＥＵからの離脱（Brexit）だったと思われる。

２０１６年6月23日に実施された英国の国民投票で、離脱票（51・89％）が残留票

（48・11％）を上回った。これを受け、CMU担当の英保守党政治家で欧州委員だったジョナサン・ヒルは急遽、辞任した。CMUのリード役は、ラトビア元首相のヴァルディス・ドンブロウスキス（Valdis Dombrovskis）に引き継がれた。

ヒルがCMUのなかでのサステナブル投資を狭義のインフラ投資に限定しようとしたとみられるのは、英政府は、EU内において財務・非財務両方の分野で突出していたロンドン・シティの金融市場の強みを維持するため、EUベースでのサステナブルファイナンスの扱いは極力、限定的にしようとしたのではないかと思われる。

当時のデビッド・キャメロン（David Cameron）率いる英保守党政権の混乱ぶりは、各国に先駆けて設立した国営環境銀行のグリーン投資銀行（GIB）を設立5年で売却するという政策変更を実施するなどの点にも表れていた。GIB設立は労働党政権時代の政策ではあったが、未発達のサステナブルファイナンス市場を育成する投資資金供給の先導役としての役割は画期的と思われた。だが、EU離脱の国民投票に先立つ3カ月前に、キャメロン政権はGIBの売却を決めた（注8）。「国営銀行は労働党政策」との発想に固執したか、あるいは売却先となった豪マッコーリーグループとの官民連携による機動力を最優先したか、その答えはまだ出ていない。

仮に、EUでのサステナブルファイナンスを狭義の範囲に抑えることが、シティを守る当時の英国の戦略だったとするならば、国内ではむしろGIBを中心として、より深く、より幅広く、サステナブルファイナンス市場づくりを先行的に展開して、ライバル国・市場をさらにリードする戦略を推進するべきだったと思われる。そのための人材は当時の英国にはあふれていたのだから。一方でこうした英国の政策サイドでの混乱は、ヒル離脱後のEUのサステナブルファイナンス路線が、英国を除いたEUのなかで台頭してきた、より理念的・規範的なサステナビリティ派が主導することに貢献した可能性もある。

2020年1月31日、英国はEUから正式に離脱した。同日夜、首相のボリス・ジョンソン（Boris Johnson）は「これは終わりではなく、始まりだ（注9）」と国民とEUに語りかけた。同年7月、同政権は、離脱後のロンドン・シティの金融市場でのサステナブルファイナンス活性化策の一環として、CCAが目指す2050年のネットゼロ目標達成を確実にするため「GIB2・0」の設立構想を進めていることを明らかにしている（注10）。シティでのサステナブルファイナンスをあらためて強化する視点に戻ろうとしているのだろうか。

EU・HLEGの展開

欧州委員会のCMU担当のポストが、ヒルからドンブロウスキスにかわって数カ月後の2016年10月。欧州委員会は「サステナブルファイナンスに関するハイレベル専門家会合（High-Level Expert Group on Sustainable Finance：HLEG）」の設置を決めた。EUのサステナブルファイナンスの枠組みは、このＨＬＥＧによって方向性が定まることになる。
ＨＬＥＧは同年12月に立ち上がった。

ヒルとは対照的に、ドンブロウスキスは、サステナブルファイナンスをＣＭＵの中心に据えた。そして、ＥＵ域内から同分野に一家言をもつ金融人、学者、市民団体代表ら20人を選んだ。彼らに、サステナブルファイナンスの枠組み整理の作業を委ねたのだ。

ドンブロウスキスは、リーマンショック後の２００９年から２０１４年までラトビア首相を務めている。バルト３国の小国ラトビアも、リーマンで不動産市場が崩壊する大きな打撃を受け、事実上のＩＭＦ管理下に入った。だが、ドンブロウスキスは厳格な緊縮政策を推進、２０１３年７月にはユーロ加盟も実現するなどの手腕を発揮した。修羅場を経て国を立て直した経験の持ち主は「新しい市場」の魅力を見逃さなかった。

図表２－４　クリスチャン・ティマン

（出所）　筆者撮影

ＨＬＥＧの議長はドイツ人のクリスチャン・ティマン（Christian Thimann）。専門家20人のなかには、ホルムズ、キドニーらを含む６人が英国枠で参加した。二番手がフランスの４人。ドイツ人は議長を入れて２人。他国は１人か２人。英国政府の政策は混迷しても、この分野での英国勢の人材の豊富さは際立っていた。またＨＬＥＧに加わった英国勢の多くは、必ずしも英国政府の息がかかった人たちではなく、むしろサステナビリティ派のなかでも、市場派と理念派に属する向きが多かったように思える。

議長のティマンはドイツ人だ。当時は仏保険大手ＡＸＡグループのサステナビリティ部門のグループ責任者で、２０１６年9月に引退したアンリ・ドゥ・キャストゥル（Henri de Castries）の懐刀とされていた。キャストゥルはＡＸＡ会長兼ＣＥＯを16年も務めた仏金融界のドンだった。フランスのサステナブルファイナンス推進の一方の旗頭は金融界であり、その筆頭にＡＸＡがいた。

ティマンは同時に、後にみる金融安定理事会（ＦＳＢ）が立ち上げた気候関連財務情報開示タスクフォース（ＴＣＦＤ）の副議長も務めている。彼はＡＸＡの前には、欧州中央銀行（ＥＣＢ）のマリオ・ドラギ（Mario Draghi）総裁のアドバイザーでもあった。ドイツ人というより、ＥＵ人、ＥＵ金融人である。

ＨＬＥＧは２０１７年7月の中間報告に続いて、２０１８年1月には最終報告を公表した（注11）。主要提言では、①共通サステナブル・タクソノミーの設定、②非財務情報開示の強化、③投資家責任の明確化、④ＥＵグリーンボンド基準の制定等、8項目を示した。また分野横断的提言やセクター別提言等も示した。グリーン事業を事前に分類するタクソノミーの論議は、このＨＬＥＧの報告から始まる。タクソノミーをめぐる攻防は第５

章で詳しくみる。

ちなみに、ＡＸＡのキャストゥルの跡を継いでＡＸＡのＣＥＯの座に就いたトマス・ブベル（Thomas Buberl）もドイツ人である。ブベルはＡＸＡの気候変動戦略を受け継ぎ、２０１９年には気候変動問題への金融市場の取組みを促すために国連の要請を受けてマイケル・ブルームバーグ（Michael Rubens Bloomberg）が招集した金融賢人会議「Climate Finance Leadership Initiative（ＣＦＬＩ）」の８人の創設メンバーの１人に名を連ねている。

官民連携のフランス戦略

ＨＬＥＧの提言を具体化するため、欧州委員会は２０１８年6月、技術専門家グループ（Technical Expert Group on Sustainable Finance：TEG）を立ち上げた。タクソノミーの開発等を具体化する作業に入っていく。ＴＥＧの委員は35人に拡大された。ＴＥＧは２０２０年3月にタクソノミーに関する最終報告（気候緩和・適応分野）を公表する。タクソノミーについては第5章で詳細にみるが、ここでは、市場の関心がＣＭＵそのものよりも、明確にサステナブルファイナンスにシフトしたことを押さえておきたい。

実務作業グループのＴＥＧでは、さすがにＥＵからの離脱を決定した英国からの専門家の参加は限られた。英蘭企業であるユニリーバのほか、ＣＤＰ、ＰＲＩ、ＣＢＩなどの英国拠点の非営利団体の専門家は加わった。ただその顔ぶれはいずれも英国籍ではなく、オーストラリアやスイス、ドイツなどの非英国の国籍保有者となっている。英国がＥＵから離脱するのだから、当然といえば当然だ。かわりに台頭したのがフランス勢だ。

先にＨＬＥＧの議長を務めたティマンが仏金融界の重鎮の懐刀だった、と紹介した。フランスのサステナブルファイナンス戦略は、仏金融界と仏中央銀行、財務省という官民が主導する格好で推進されていた。その象徴の１つが、２０１５年７月成立の「エネルギー転換法（Law on Energy Transition for Green Growth : LTECV）」だ。同法１７３条（Article 173）では、上場企業や金融機関、機関投資家等を対象にして、年次報告書に気候変動関連の情報開示を定めた。ＴＣＦＤを先取りした側面もある。

企業、金融機関が気候リスク情報開示を進めることで仏市場での環境等の非財務情報の透明性を高め、機関投資家の投資資金がサステナブル分野に流れるよう促す政策を、各国に先駆けて推進するとの意思表示でもあった。この「Article173」を旗印に、「パリをロンドンに対抗する国際金融センターに発展させたい」との長年の仏官民の執念がサステナブルファイナンスにねらいを定めて展開していく。

政府による気候リスク情報開示の制度化を先取りするかたちで、ＡＸＡは２０１５年５月、運用資産から石炭関連投資５億ユーロ（約６１０億円）全額を売却すると宣言した。２０１７年４月には「グループ責任投資戦略（ＧＲＩＰ）」を改定、石炭事業比率の高い電力、鉱業等への投資だけでなく、保険引受も停止する方針を打ち出した（注12）。石炭採掘が売上げの50％以上、石炭火力が発電量の50％以上の企業を「排除」の対象とした。
保険引受停止まで打ち出したのは、当時の欧州の保険業界でも初めてだった。この後、欧州の主要保険会社は、化石燃料業界向けの保険引受限定競争に入っていく。日本の損害保険各社が限定的ながら化石燃料関連の保険引受を制限するのは、3年遅れの2020年に入ってからになる。

保険会社だけではない。BNPパリバ（BNP Pariba）、ソシエテ・ジェネラル（Société Générale）、クレディ・アグリコル（Crédit Agricole）、ナティクシス（Natixis）などの仏銀行界も競うように、化石燃料関連事業向け投融資のDivestment（投資引揚げ）と、サステナブルファイナンスの強化を進めた。

仏政府はさらに動いた。2017年1月、仏財務省はグリーンボンド国債（Obligation Assimilable du Trésor：グリーンOAT）を発行した。グリーンボンド国債の発行はポーランドが2016年12月に一歩、先行したが、フランスの総額70億ユーロ（約8540億円）の第一回の発行額は、当時のグリーンボンド市場でも過去最高額で、大きなインパクトを市場に与えた。仏財務省はグリーンボンド市場形成を前提として、以後も毎年一定額の発行を続け、グリーンボンド市場のベンチマーク役を担っている。

政府の積極的なグリーンファイナンス政策を受け、仏金融界は2017年6月、パリ市場のプロモーション活動機関だった「Europlace」を「Finance for Tomorrow：F4T」へ衣替えした。この「リブランド」を契機に、Ｆ４Ｔは「パリをサステナブルファイナンスの国際センターに」を目指した活動に力を入れていく。ロンドン・シティ市場への対抗だ。Ｆ４Ｔの議長にはナティクシス傘下の責任投資運用機関ミローバ（Mirova）のＣＥＯ、フィリップ・ザワティー（Philippe Zaouati）が就いた。彼もＨＬＥＧのメンバーに名を連ねている。

シンクタンク「２°II」の役割

こうしたフランスの戦略の一端を担いながら、ＥＵ全体のサステナブルファイナンス戦略に影響を与えるようになるのが仏シンクタンクの「２°Investing Initiative（２°II）」だ。同機関は、２０１１年に若手のコンサルタントのスタン・デュプレ（Stanislas Dupré）とウグ・シェネ（Hugues Chenet）の２人が設立した。仏金融機関向けに気候リスクとカーボンの評価手法を開発・提供することが当初の目的だった。

当時、具体的な技術手法による気候リスクの評価はほとんど試みられていなかった。彼らは仏環境エネルギー管理庁（ＡＤＥＭＥ）や欧州委員会からの支援を受け、２０１４年からParis Agreement Capital Transition Agreement（ＰＡＣＴＡ）の開発に着手する。

従来のカーボンフットプリントの把握の手法は、過去データに基づくバックワード・ルッキング（Backward Looking）アプローチが主だった。これに対して２°IIは、たとえば製造業の場合、今後5年間の生産計画に基づく予想ＣＯ$_2$排出量を算定し、その影響を現在評価するフォワード・ルッキング（Forward Looking）な資産評価アプローチをとった。個々の企業だけでなく、セクター全体等も同様の手法で将来の気候リスクのインパクトを把握した。

ＰＡＣＴＡは、将来の気候リスクの推計を、現時点で把握するシナリオ分析とも親和性がある。このため、気候関連財務情報開示タスクフォース（ＴＣＦＤ）提言に沿った情報開示を目指す欧州保険・年金監督局（ＥＩＯＰＡ）、英中央銀行（ＢＯＥ）、米カリフォルニア州保険局、ドイツ、スイス各政府などを含め、１５００以上の企業・金融機関に活用されている。日本の金融庁もＰＡＣＴＡを大手銀行のシナリオ分析のツールの1つとして採用した。従来なら欧州では英国勢しか担えなかったようなシンクタンク機能と行動力を兼ね備えた活動を、２°ⅡのチームはＥＵの枠を超え、米国、日本、アジア等のグローバル市場で展開しているのだ。

デュプレもＨＬＥＧのメンバーのほか、第4章でみる国際標準化機構（ＩＳＯ）の気候ファイナンス（ＩＳＯ１４０９７）の共同議長（Co-Convenor）を務めるなど、精力的にサステナブルファイナンスの基準化作業に加わった。ただ、２°Ⅱの視点は、サステナブルファイナンス市場の拡大を最優先する市場派とは微妙に異なって映る。時にグリーンボンドに疑念を向け、時にサイエンスベースドターゲッツ・イニシアティブ（ＳＢＴｉ）の課題を指摘するなど、物議をかもす場面もある。グリーンウォッシュへの懸念を隠さない点で、規範派に近い部分も抱えているようだ。

出遅れたドイツ

欧州委員会のHLEG、TEGの作業を後押しするように、官民一体のサステナブルファイナンス政策を展開し続けるフランス。これに対して、EUの盟主であるはずのドイツの動きは鈍い状態が続いてきた。

ドイツ政府がサステナブルファイナンスの戦略づくりに公式に動き出すのは、2019年5月。連邦政府が政府への提言を求めて、民間識者を集め、HLEGタイプのサステナブルファイナンス委員会（SFB）を立ち上げた。SFBは翌2020年3月に中間報告をまとめたが、英仏やEUのスピードには明らかについていけていない。

ドイツの動きが鈍い背景には、政府サイド、金融機関サイドの双方に困難な事情があったためだろう。政府サイドでは、エネルギー政策の大転換への取組みだ。ドイツは2022年末の原発全基停止と、2038年までに石炭火力発電停止という「脱原発」「脱石炭」政策を両建てで公約、推進している。

その結果、再生可能エネルギー等への切替えは国全体で、待ったなしの状況にある。すでに発電量に占める再エネ比率は2020年上半期で55・8%に達している（注13）。しかし、さらなる再エネ発電の開発および経済全体のサステナビリティ化の促進は、実務的にみて、容易な道筋ではない。サステナブルファイナンスをめぐるグローバルあるいはＥＵレベルの主導権を意識しながらも、目の前の課題の克服を優先せざるをえない状況が続いたといえる。

金融界も重荷を引きずっていた。ドイツ金融界の盟主たるドイツ銀行は、米国市場の進出に力を入れてきた影響から、リーマンショックで受けた打撃はひときわ大きかった。その後の欧州債務危機でも、ギリシャ国債のクレジット・デフォルト・スワップ（ＣＤＳ）の大量発行等で深手を負った。さらにはロシア資金のマネー・ローンダリング介入疑惑、住宅ローンの不正販売問題、元社員の脱税問題等の火ダネが続いた。２０２０年になっても、同行の先行きには不安感が漂っていた。

足元の揺らぎが収まらない銀行界に比べ、独保険業界は積極的だ。最大手のアリアンツは仏ＡＸＡを追いかけるかたちで、２０１８年5月に石炭依存度の高い企業（収入比率30％以上）の保険引受と投資を、２０４０年までに停止する方針を打ち出した。2年後の２０２０年5月には、収入比率を保険引受で25％に引き下げ、２０２２年末までに達成すると強化したほか、投資の場合の比率も２０２２年末までに25％に強化し、２０４０年にはゼロにすると宣言している。

ただ、ドイツが「国内事情」の重みで、サステナブルファイナンス覇権争いをギブアッ

図表２－５　ウルズラ・フォンデアライエン欧州委員長

（出所）欧州委員会サイトより

プしているとみるのも早計だ。２０１９年７月、首相のアンゲラ・メルケル（Angela Dorothea Merkel）はユンケル欧州委員会委員長の後任の座を、ドイツ国防相を務めていたウルズラ・フォンデアライエンを擁立して獲得した。当初予定した候補者はフランス等の反対で覆されたものの、１９５８年就任の初代委員長、ヴァルター・ハルシュタイン（Walter Hallstein）以来のドイツ人委員長だ。

フォンデアライエンは、２０１９年12月の就任早々、欧州グリーンディール（ＥＧＤ）を打ち出し、サステナブルファイナンス計画をその基軸に据えた。欧州委員長という政策づくりのトップの座を押さえることで、ドイツがＥＵのサステナブルファイナンス政策の主導権の獲得に出たとみて間違いない。その成果は第５章でみるように、１年後の２０２０年12月に表れる。

２０２０年９月、ドイツ財務省はグリーンボンド国債を発行した（注14）。グリーンボンド国債の発行自体、ＥＵ内でも先のフランスやポーランド、ベルギー、オランダ等に後れをとっての出番だ。だが、そのスキームは「ドイツ流」で、グリーンボンド国債の発行に合わせて既存の類似国債を組み合わせて流動性を確保することで、EUを代表するドイツ国債（ブンド）市場の安定を維持するよう、綿密に設計されていた。

浮上する中国の存在感

米国がトランプ政権下で、表立って動けないなかで、欧州の主要国がサステナブルファイナンスの市場づくりに向けて、微妙な駆け引きを繰り広げてきたわけだ。欧州のサステナビリティ派のねらいは、足元のEU市場での主導権の確保だけではなかった。欧州が先行するこの分野での知識とノウハウ、経験をふまえて、グローバル市場での基準・ルール化をEU主導で推進すると同時に、新たな連携先に照準を定めていたと思われる。

それが中国だ。2008年11月、リーマンショックの激震の波紋が続くなか、中国は4兆元（約60兆円）の追加公共事業投資を打ち出した。年間の公共事業投資額の3割近くを追加したこの措置によって、世界経済の大幅減速に一定の歯止めをかける役割を果たした。以来、世界経済にとって「中国機関車論」は重要な要素の1つになっている。

中国は第一次エネルギー消費に占める石炭の割合が60％台（2010年頃までは7割）を占める世界最大の温室効果ガス（GHG）高排出国である（注15）。中国経済の成長けん引力の活用だけではなく、この「ブラウン大国」の市場をグリーン化できれば、そこに膨大なグリーン投資市場が生まれる。中国は、先進国企業にとって、魅力的な潜在的グリーン市場なのだ。

さらに中国自身もすでに指摘したように、大風呂敷を広げていた。「4兆元」政策から4年後の2013年9月、習近平主席は広域経済圏の「一帯一路イニシアティブ（BRI）」を世界に問うた。中国からアジア、中東、欧州、アフリカにまで至る現代のシルクロードのインフラ建設だ。欧州にとっても、中国の重慶、新疆ウイグル自治区とドイツの間を結ぶ鉄道路線（渝新欧鉄路）で、気づいたら「隣人」になっていた。

BRIの宣言を契機に、BRIをグリーンインフラとして世界中から投資資金を集めて推進したい中国の野心と、中国内外の化石燃料市場をグリーン化する「潜在的グリーンビジネス」への進出機会を確保したい欧州勢の思惑が、急速に結びついていった。

その動きの1つがG20での取組みである。欧州委員会がHLEGを準備中の2015年12月、中国・海南島の三亜市で開いたG20（20カ国首脳会議）財務次官・中央銀行副総裁会議で、G20グリーンファイナンス・スタディグループ（G20 Green Finance Study Group：GFSG）の設立が決まった。翌2016年9月に、杭州で開いたG20後の首脳声明に正式に盛り込まれた。

実はG20ではすでに気候変動対策へのファイナンスに焦点をあわせたG20 Climate Finance Study Group（CFSG）が稼働していた。CFSGは2012年6月にメキシコのロス・カボスで開いたG20首脳会議で設立が決まった。同会議では2010年11月に同国カンクンで開催したCOP16で設立が決まった途上国向けの気候変動基金である「緑の気候基金（Green Climate Fund：GCF）」の具体化等が論点となり、受け皿となる途上国の気候関連政策のキャパシティビルディング等のために、CFSGを立ち上げたのだ。

当然、CFSGの中心メンバーは中国、インド、ブラジル等の新興国と途上国。中国はCFSGでも主要な役割を担っている。CFSGは気候ファイナンス、GFSGはより幅を広げたグリーンファイナンス（GFSGは後に「サステナブルファイナンス・スタディグループ：SFSG」に改名）との違いはあるが、ともに気候変動対策へのファイナンスをいかに機能させるかが最重要課題としており、重複感は明瞭だ。

にもかかわらず、G20が中国を議長としたGFSGを立ち上げたのは、BRIを打ち出した中国の「底知れぬ市場の深さ」を値踏みしつつ、最大のCO_2排出国である中国に「グリーン」の鈴をつける」ことを最優先した先進国側の作戦だったとの見方もできる。中国がGFSGで独走しないように、共同議長国として英国が就任した。英国は中国を「グリーン化」するサポート役、あるいは「先生役」を演じることになる。

もちろん、英国はしたたかだ。国際的活動のGFSGと並行するかたちで、2015年11月、ロンドン・シティ市場のシティ・オブ・ロンドン（City of London Corporation）のグリーンファイナンス・イニシアティブ（GFI）と、中国の緑色金融委員会（GFC）

との間で、「英中グリーンファイナンス・タスクフォース（UK-China Green Finance Task Force）」を結成した。二国間ＴＦが掲げたテーマは、ずばりＢＲＩに標的を定めた「グリーンＢＲＩ投資家同盟（Green Belt and Road Investor Alliance）」の推進だ。ロンドン金融市場と北京市場との連携で、ＢＲＩのグリーン化を推進し、ビジネスチャンスをシティに呼び込むことをねらった、あからさまな中国取り込み策の展開である。中国側のカウンターパーティーになった「緑色金融委員会」は中国の中央銀行である中国人民銀行（ＰＢｏＣ）支援の官民金融組織として２０１５年４月に設立された。中心人物は馬駿（Ma Jun）。国際通貨基金（ＩＭＦ）、世界銀行でエコノミストとして活躍、その後、ドイツ銀行の中国担当エコノミスト等を務めた経歴をもつ。「欧米市場に通じた金融マン」は、ＰＢｏＣにヘッドハントされる格好で、２０１４年にＰＢｏＣのチーフエコノミストに就任していた。

図表２－６　馬駿

（出所）筆者撮影

　馬は２０１５年末にＰＢｏＣが公表した中国版グリーンボンドガイドラインを自ら指揮して作成したことでも知られる。同ガイドラインについては第４章で取り上げる。中国がグリーンファイナンス、サステナブルファイ

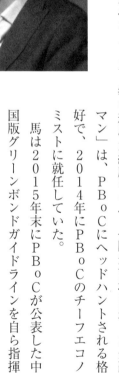

ナンスへの理解を深め、政策展開を進めていくうえで、馬の存在はきわめて大きい。CBIのキドニーは常々、「彼はわれわれのスーパースター」と高く評価している。

しかし、英国が目指したと思われる中国サステナブルファイナンス市場の「独占化」は、そう簡単ではなかった。他の欧州諸国・機関も、中国市場へのアクセスを強めていたからである。

ドイツでカーボン取引等のエネルギービジネスを展開する欧州エネルギー取引所（EEX）は2017年10月、中国北京環境取引所（CBEEX）と戦略的パートナーシップを締結した（注16）。全国版の中国排出権取引制度（C－ETS）でカーボン・ビジネス市場の開設を目指す中国側を、EU－ETSの経験で支えるねらいだ。C－ETSが本格化すれば、EU－ETSを上回る市場拡大が見込めるとの期待がある。

ルクセンブルク証券取引所（LuxSE）は2018年6月、上海証券取引所との間で「グリーンボンドチャネル」の開設で合意した（注17）。中国国内発行のグリーンボンドへの海外投資家のアクセスを改善する仕組みづくりだ。フランスも2018年10月に、緑色金融委員会とF4Tが連携するかたちで、「グリーンファイナンス・リーダーシップ・プログラム」を開催した。

中国は、複数の欧州諸国とのパイプをめぐらせ、競い合わせることで、中国にとっていちばんいい条件、いちばん有利な提携先を値踏みする戦略を展開してきたと思われる。

中英がカジ取り役となったGFSGは2016年9月、最初の統合レポート（注18）を公表した。そのなかで、グリーンファイナンスの課題として、①外部性（環境の外部性の内部化の適正化）、②期間のミスマッチ（グリーン事業の長期需要と、短期の調達資金）、③グリーンファイナンスの定義の不明確さ（共通化の必要性）、④情報の非対称性（投資先企業の環境情報開示不足）、⑤環境要因の分析能力の不適切性――の5点を提示している。いずれも、現在も論点となるグリーン&サステナブルファイナンスの基本的課題である。

UNEP Inquiryの役割

G20の動きを補強するかたちとなるのが、国連環境計画（UNEP）が2014年1月に新たに立ち上げた「UNEP Inquiry」だった。

国連にとって、気候変動対策を推進するうえで、中国をはじめとする新興国と途上国のエネルギー市場のグリーン化と、そのファイナンスの確保は最大の課題である。これは、2000年のミレニアム開発目標（MDGs）、それを継承した2015年からの持続可能な開発目標（SDGs）に一貫する「南北」の視点だ。Inquiryの役割は、この国連最大の課題をサステナブルファイナンスを通じてバージョンアップする点にあったといえる。

第1章でみたように、UNEPはこれまで金融イニシアティブ（FI）を通じて、銀行、保険、資産運用という金融機関のセクターごとのサステナビリティを推進する活動を展開してきた。これに対してInquiryは、新興国・途上国を軸として、各国の政策当局による金融システム運営にサステナビリティの要因を取り込むとともに、サステナブルファイナンス市場をグローバルベースでデザインすることを立ち上げの目的に掲げた。政策デザインであり、市場デザインであり、政策支援（途上国向け）だ。「グリーンスワン」予防のデザインともいえそうだ。

具体的な課題の1つには、リーマンショックで露呈した金融システムの修復作業にサステナビリティを盛り込むグローバル金融システム設計があった。もう1つは、SDGsを前提に、新興国・途上国の金融市場改革を進めるためのプラットフォームづくりだ。

後者の最大の焦点は、やはり中国に絞られていた。Inquiryが発足以来発行した115本（2020年8月時点）のレポートのうち3割以上は中国に関するものだったことからも、中国市場のグリーン化への国連の力の入れ方がうかがえる。先にみたG20・GFSGの事務局機能もInquiryが担った。新興国・途上国の金融システムにサステナビリティ要因を盛り込むことで、グローバル市場の資金流入を目指した、と読める。

ただ、それは容易な作業ではない。同組織の発足当初の活動予定は2年間の時限措置。それが4年に延びた理由は、サステナブルファイナンスに向けた「Inquiry（問い合せ）」を発しながら走り出したことの手応えがあってさらに延びたのか、あるいは、手応えをつかめずに延びたのかは定かではない。

組織を実質的に切り盛りしたのは、２人の英国人だった。先に見たカーボン・トラッカー（ＣＴ）の創設にかかわったニック・ロビンスと、ＮＥＦに加わりSustainAbility社のＣＥＯを務めた経験もあるサイモン・ザデック（Simon Zadek）。

ロビンスは英東インド会社の歴史を詳細に分析した本を出版している（注19）。１６００年設立の英東インド会社が商事会社としてアジアの新市場で展開するとともに、英国の帝国主義政策との連携のなかで盛衰するストーリーだ。英国がスペイン、オランダ、フランス等との帝国主義の覇権争いを制したのは、いち早く会社組織化した東インド会社の運営によるところが大きかった。４００年後のサステナブルファイナンス市場のデザインに、東インド会社の残像が反映したかどうか。

図表２−７　UNEP Inquiryの「最終レポート」

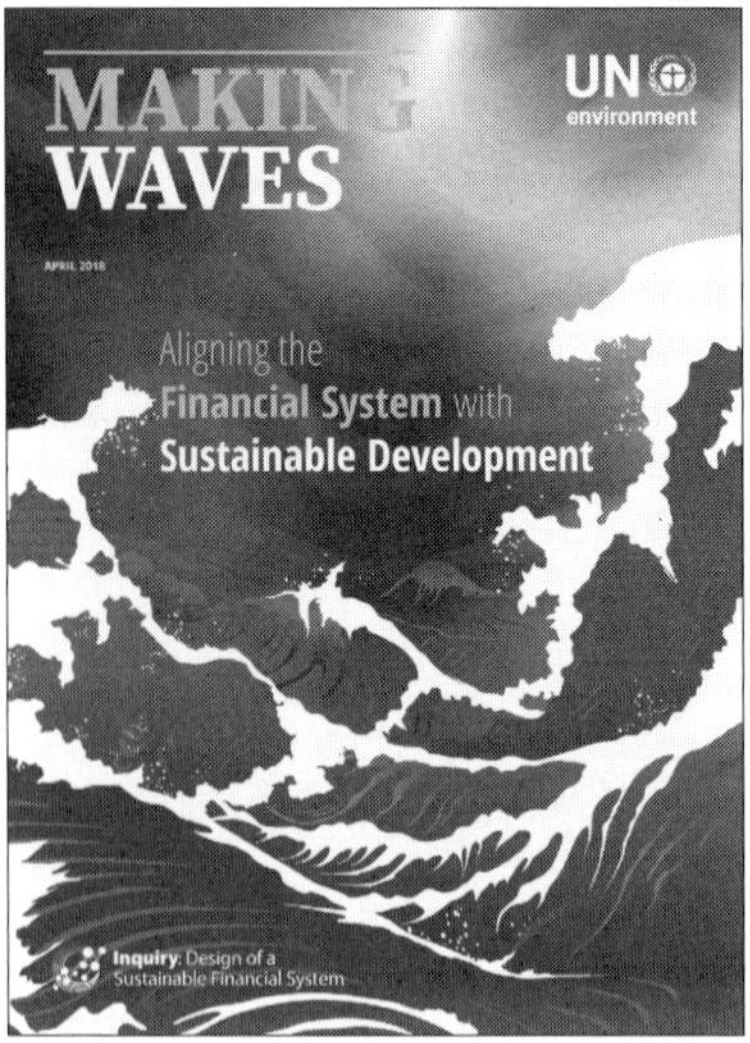

なぜか、葛飾北斎の「神奈川沖浪裏」を模している

Inquiryは２０１８年４月最終レポート（注20）を公表して事実上の活動を終えている。同レポートではサステナブルファイナンスを促進するパリ協定と

SDGsという2つのグローバル目標に加えて、「3つの追加的ドライバー」をあげている。①リーマンショック後の金融市場と政策当局への期待の増大、②金融システム改善で途上国の重要性の増大、③金融市場での技術発展とグローバル目標達成の新たな可能性（あるいはリスクも）、である。

それらをふまえて、環境・社会の非財務要因を金融市場に盛り込むとともに、途上国の金融政策と市場運営について、金融技術の展開を活用し、サステナブルファイナンスの共通言語に沿った改革の推進を提言している。財務・非財務の統合化を進め、先進国市場と途上国市場の統合化を目指す方向性と読める。

Inquiryは「最終レポート」後も、G20のSFSG（GFSG）や気候ワーキンググループ（WG）、さらに、いくつかの連携活動等の支援は続けている。「最終レポート」からは、中心となった2人の英国人の活動だけではなく、別の興味深い経緯も伝わってくる。

その1つは、レポートが2017年1月に死去したウォーレス・ターバビル（Wallace Turbeville（注21））に捧げられている点だ。ターバビルは米銀ゴールドマンサックス出身の金融人。リーマンショック時には独立していた。彼はリーマン後のドッド・フランク法（Dodd–Frank Wall Street Reform and Consumer Protection Act）や同法の軸となるボルカールール（銀行の市場取引規制）の創設にかかわるなど、米金融システムの修復に尽力したことで知られる。

ウォールストリートの裏と表を知り尽くしたターバビルによるアドバイスは、最終レポートのどこにどう反映したのだろうか。ターバビルとInquiryの関係自体、外部にはほとんど知られていなかった。図らずも彼の死によって、トランプ政権下でも「米国」がサステナブルファイナンスのフレームワークづくりに関与をしていたことを知らされた。「米国の存在」がもう少し明瞭に垣間みえるのが、パリ協定をふまえて走り出したもう1つの国際連携の取組みだ。それは次章でみる金融安定理事会（ＦＳＢ）の気候関連財務情報開示タスクフォース（ＴＣＦＤ）である。

ＵＮＥＰ ＦＩの積極行動

ＵＮＥＰ Ｉｎｑｕｉｒｙがサステナブルファイナンスのデザインづくりを進める一方で、従来からのＵＮＥＰ ＦＩも同組織と並行するかたちでＳＤＧｓへの民間金融機関の取組支援のイニシアティブを打ち出した。その1つが、２０１７年に立ち上がった「ポジティブインパクトファイナンス原則（Principles for Positive Impact Finance：PPIF）」だ。

ＳＤＧｓを２０３０年までに達成するには年間5兆から7兆ドルの資金が必要とされる。膨大だが、前述のように民間資本市場の規模は２５８兆ドル（約2京７０９０兆円）、あるいは世界の富全体は３００兆ドル台とも指摘される（注22）。こうした膨大な金融資本市場の資金規模からすれば、ＳＤＧｓへのファンディングは十分可能である。ただ、資本市場の資金が自然にＳＤＧｓ市場に流れるわけではない。

そこでＵＮＥＰ ＦＩは、ＳＤＧｓが経済や社会にプラスの効果をもつことを金融機関と金融市場に示し、その効果を引き出すことに力点を置いた取組みとしてＰＰＩＦを打ち出したわけだ。従来のＥＳＧ投融資やサステナブルファイナンスなどは、ＧＨＧ排出量などのような環境リスクのある非財務要因のネガティブインパクト（マイナスの影響）を把握し、減少させることを重視する。これに対して、ＰＰＩＦでは、環境、経済、社会のポジティブインパクト（プラスの効果）を引き出すことに重点を置く。ポジティブな側面を評価することの結果として、リスク軽減も促進できるとの考えだ。ある意味では、ＥＳＧの非財務要因のリスク評価の視点より、環境、経済、社会の３要素を重視するトリプルボトムライン（ＴＢＬ）の視点に近い。

ＰＰＩＦは、①定義、②枠組み、③透明性、④評価、の４原則を整理している。同原則に基づき、２０１８年に個別の融資を想定した「資金使途を限定しないモデルフレームワーク」を公表している。

ＰＰＩＦからＰＲＢへ

ＵＮＥＰ ＦＩはＰＰＩＦに続いて、２０１８年５月、銀行に照準を定めた「責任銀行原則（ＰＲＢ）」を立ち上げた。こちらは、ＳＤＧｓに加えて、パリ協定達成などの国連の重要施策の実現に資するため、銀行に融資機関としての責任ある行動を求めるものだ。世界の資金供給の3分の2は銀行融資である。市場の主要プレイヤーの銀行自体が、市場の維持・発展のためにも、これらの二大目標の達成に寄与すべきとの判断である。

ＰＰＩＦとＰＲＢの違いは、ＰＰＩＦが個別の融資を想定して原則を整理したのに対して、ＰＲＢの基本は銀行全体のインパクト配慮をポートフォリオベースで求める点にある。たとえばＰＲＢでは、エネルギーセクター向けの融資全体の方針をどうするかといった網羅的なインパクトコントロールを求められる。

第1章でみたように、ＵＮＥＰ ＦＩは年金等の機関投資家の資産運用にＥＳＧ要因を加味させる責任投資原則（ＰＲＩ）を生み出した。さらに、保険の引受けの際にＥＳＧを評価するサステナブル保険原則（ＰＳＩ）もすでに立ち上げている。資産運用、保険に次ぎ、金融業態の中核である銀行に融資責任を求めるための原則だ。ＰＰＩＦが銀行活動を通じて、投資先のトリプルボトムライン（ＴＢＬ）向上へポジティブな貢献を行う銀行活動に焦点をあわせているのに対して、ＰＲＢは銀行本来の責任を問うかたちだ。次々と示される「原則」は、各金融機関に対して金融業本来の「行儀作法」を求めるようでもある。ただ、原則への賛同が集まる一方で、実際の金融行動とのギャップを指摘する声も時に高まる。

たとえば、ＰＲＢの旗揚げに対して、国際的な環境・社会ＮＧＯは「原則は結果を伴わねばならない（Principles must have consequences）」との声明を出した（注23）。NGOらはPRBを歓迎する一方で、署名銀行のなかに、石炭火力や熱帯林破壊等に関与する企業へ投融資をしている「言行不一致銀行」があると指摘。「ノーモア・グリーンウォッシング」として、8銀行を名指しした。そのなかの3行は日本の3メガバンクだった。

企業の経済活動に伴って生じるプラス・マイナス両面の非財務的なインパクトに対して、資金供給元の金融機関はどこまで責任を負うのか。PRBも、先行したPRIのように6原則を整備し、署名機関に遵守を求める。だが、財務、非財務の両面に幅広く影響する経済活動の結果を、原則の文言だけで整理することは容易ではない。とりわけ、既存の経済システムから、脱炭素、低環境負荷の循環型経済社会への移行を目指すプロセスにおいては、多様な利害の不一致、軋轢、対立も錯綜する。

UNEP FIはPRBの普及に際して、他の民間ベースの自主的な原則や基準が浸透する経験をふまえた工夫を盛り込んだ。民間ベースの場合でも、署名した金融機関や市場参加者にそれらを遵守させるには、署名機関の活動を第三者的にチェックし、不適合と認められる場合は、除名などの厳格な対応をとるなどの歯止め策が求められる。しかし、あまり厳しい罰を受けるとなると、どの機関も署名しようとはしない。

一方で、非財務要因の軽減やプラスインパクトに取り組む行動力のある機関は、他の機関との差別化を求めて、水準の高い原則・基準への適合・署名にチャレンジするだろう。

「厳しい基準を克服できる署名機関」となることで、非財務面の改善を市場に宣言するとともに、財務面での競争上も優位に立てる期待がもてるからだ。

そうした原則・基準と署名機関がとる反応をふまえて、PRBでは、署名機関に原則に沿った行動についての報告と自己評価の公表を求めたうえで、移行期も考慮に入れ、署名から4年以内に、PRB活動によるインパクト分析、目標設定と実施、説明責任の全うなど必要なステップの履行を求めている。履行が不十分だと、UNEP FI自体が、署名機関を除名する手順を示している。署名機関をむやみに増やすのではなく、一定の水準に達した機関を選別して増やす方式である。

PRBの運営についても、先にPRIをUNEPから切り離してNPOに委ねた経験の「反省」からか、UNEP FI自らが事務局を務める。2020年12月現在、PRBへの署名機関は270機関（注24）。日本勢は3メガバンク、野村ホールディングス、滋賀銀行等の16機関となっている。

デンマークの反乱

「最も成功した環境金融NPO」である国連支援のPRI。3000を超える署名機関を抱え、年間の署名機関からの会費だけでも年間1137万ポンド（約15億3500万円：2018年度実績）。これに寄付やセミナー収入等を加えると1315万ポンド（約

17億7500万円）となる。人件費を単純にスタッフ人数（122人）で均等配分すると1人当り年収940万円ほど。

営利企業に匹敵するしっかりした財務基盤をもつ非営利企業である。収入の多くは署名機関からの会費収入で支えられているため、署名機関が増えれば増えるほど、隆盛になる。親元のUNEP FIの傘下のままだったら、こうした「経済的利益」は得られなかっただろう。ただ、「非営利事業としての成功」の一方で、時折、署名機関から課題も突き付けられている。

最大は、「PRIは誰のためにあるのか」という問いかけだ。2013年から2014年にかけて、デンマークの6つの年金基金がPRIから集団離脱した。大手年金のATP、産業年金基金、年金デンマーク、PFA年金基金、PKA、Sampension（PenSam）。デンマーク勢は、2010年から2011年にPRI執行部が実施した組織変更が署名機関の了解なしに実施された点を重視。「PRIはその活動を通じて、世界中にガバナンスの重要性を強調、責任投資を広めていくうえで重要な役割を演じてきた」と評価したうえで、「PRI自身のガバナンスが、この基本基準に照らして期待に沿ったものになっていない」と批判した（注25）。

その後もデンマークの年金基金の離脱は続き、最大時には13の年金がPRIを去った。PRIは、署名機関のための活動体なのか、PRIを運営するNPOのための活動なのか。ＰＲＩというビジネスモデル自体への問いかけだった。ＰＲＩのガバナンスをめぐっては、年金等の資金保有機関と、それらの機関から委託を受ける資金運用機関との微妙なスタンスの違いも時折、取り沙汰される。

この「デンマークの反乱」に対して、ＰＲＩ執行部はガバナンス改革に取り組んだ。その結果、デンマーク勢のなかにも次第に復帰するところが増えた。だが、現時点で当初の離脱組がすべてＰＲＩに戻ったわけではない。逆に署名機関があまりに多くなったことで、ＰＲＩが定める6原則の遵守をしっかりと実践しているところと、会費を払って「ＰＲＩ署名機関」のブランド獲得を優先する「便乗組」との軋轢の浮上も指摘された。

そこで、ＰＲＩは２０１８年、遅まきながら除名手続を整備、２０２０年9月に初の原則非準拠を理由として5機関を除名処分とした。さらに、先進的な取組みと成果についての情報開示で優れている機関を「Leaders Group」として選別公表した。署名機関の間の「優劣」をつける路線だ。ただ、前述のＵＮＥＰ ＦＩが後発で立ち上げたＰＲＢが、最初から除名規定を設けて「便乗組」排除の構えをみせているのと比べると、明らかにスタンスの差がみられる。

ＰＲＩのＣＥＯはオーストラリア人のフィオナ・レイノルズ（Fiona Reynolds）。２０１３年からManaging Director、ＣＥＯを務めている。その前はオーストラリアの非営利法人、Australian Institute of Superannuation Trustee（ＡＩＳＴ）のＣＥＯだった。

国際統合報告評議会（ＩＩＲＣ）のメンバーでもあり、腕利きのＮＰＯ経営者でもある。

ＰＲＩの会長はノルウェーのマーチン・スカンケ（Martin Skancke）。レイノルズと1年遅れで会長に就任した。ノルウェーの大手年金Storebrandの役員でもあり、ＴＣＦＤのメンバーも務める。ノルウェーのソブリンウェルスファンドに属したこともある。ともにサステナビリティ派の分類では「ビジネス派」に属するようだ。

（注1）UNFCCC, Paris Agreement,
https://unfccc.int/process-and-meetings/the-paris-agreement/the-paris-agreement

（注2）BIS “Central banking and financial stability in the age of climate change” Jan 2020
https://www.bis.org/publ/othp31.pdf

（注3）Nassim Nicholas Taleb, “The Black Swan”, 2007

（注4）House of Commons Environmental Audit Committee, The Green Investment Bank, Mar 2011
https://publications.parliament.uk/pa/cm201011/cmselect/cmenvaud/505/505.pdf

（注5）環境金融研究機構、２０１８年7月10日
https://rief-jp.org/ct14/80862?ctid=0

（注6）Unburnable Carbon : Are the World's Financial Markets Carrying a Carbon Bubble? Nov 2011
https://carbontracker.org/reports/carbon-bubble/

（注7）Yoshihiro Fujii, “Carbon Liability”, Springer, 2012

https://link.springer.com/referenceworkentry/10.1007%2F978-1-4419-7991-9_12
（注８）　ＧＩＢは２０１７年４月、豪投資銀行マッコーリーグループに売却され、Green Investment Groupとなっている。
（注９）　Boris Johnson, Speech, 31 Jan 2020
https://www.gov.uk/government/speeches/pm-address-to-the-nation-31-january-2020
（注10）　環境金融研究機構、２０２０年７月17日
https://rief-jp.org/ct6/104881?ctid=71
（注11）　EU Sustainable High-Level Expert Group, "Financing a Sustainable European Economy", Jan 2018
https://rief-jp.org/wp-content/uploads/Financing-a-Sustainable-European-Economy-HLEG-final-report.pdf
（注12）　環境金融研究機構、２０１７年４月30日
https://rief-jp.org/ct6/69590
（注13）　Fraunhofer ISE, Press release,
https://www.ise.fraunhofer.de/content/dam/ise/en/documents/press-releases/2020/1620_ISE_e_PR_Electricity%20Generation%20First%20Half%202020.pdf
（注14）　Bundesrepublik Deutschland Finanzagentur GmbH "Federal Republic of Germany Green Bond Investor Presentation",
https://www.deutsche-finanzagentur.de/fileadmin/user_upload/institutionelle-investoren/pdf/Investor_Presentation.pdf
（注15）　王嘉陽「中国におけるエネルギー構造転換と自然エネルギーの拡大」自然エネルギー財団、２０２０年２月

（注16）　環境金融研究機構、２０１７年10月24日
https://rief-jp.org/ct4/73833

（注17）　同、２０１８年7月3日
https://rief-jp.org/ct6/80609

（注18）　G20 Green Finance Synthesis Report, 5 September 2016
https://unepinquiry.org/wp-content/uploads/2016/09/Synthesis_Report_Full_EN.pdf

（注19）　Nick Robins. "The Corporation that changed the world". Pluto Press. Jan 2016

（注20）　UNEP Inquiry, "Making Waves : Aligning Financial System with Sustainable Development", April 2018
https://unepinquiry.org/wp-content/uploads/2018/04/Making_Waves.pdf

（注21）　The Tennessean, Wallace Clay Turbeville
https://obits.tennessean.com/obituaries/tennessean/obituary.aspx?n=wallace-clay-turbeville&pid=184206306

（注22）　Credit Swiss Research Institute "Global Wealth Report 2019", Oct 2019

（注23）　Civil Society Statement on the new Principles for Responsible Banking, "No more Green-washing : Principles must have consequences". Sept 2019
https://www.ran.org/wp-content/uploads/2019/09/Joint_Statement_Principles_for_Responsible_Banking.pdf

（注24）　UNEP FI, Signatories to the Principles for Responsible Banking.as of 14. Dec 2020
https://www.unepfi.org/wordpress/wp-content/uploads/2020/12/Bank-Signatories_final-PDF-9-.pdf

（注25）　環境金融研究機構、２０１４年1月13日　https://rief-jp.org/ct4/40115

第3章

気候リスク情報をキャッチせよ

「共有地」から「ホライゾン」の悲劇へ

英国ロンドン・シティの金融市場の強みを象徴する存在の1つが、ロイズ・オブ・ロンドン（Lloyd's of London）だ。1688年にロンドンのコーヒーハウスから始まった海外貿易等のリスクを引き受ける個人のアンダーライターを会員とするシンジケーションが発端だ。第2章で取り上げたニック・ロビンスの「英東インド会社史」に登場する重要組織でもある。

そのロイズが2015年9月に恒例の公式晩餐会を開いた。主賓は英中央銀行イングランド銀行（BOE）の総裁、マーク・カーニー（Mark Carney）。BOEはシティの守護神でもある。カーニーは、同時に国際的な金融監督当局で構成する金融安定理事会（FSB）の議長も務めていた。ただ、この夜の総裁のテーマは、いつものような金融機関の行動への「ちょっとした小言」や、監督方針の披瀝等とは少し違った。

「ホライゾンの悲劇を打ち破れ。気候変動と金融安定のために（Breaking the Tragedy of the Horizon – climate change and financial stability（注1））」。

カーニーは「気候変動が明白な事実であることは、もはや疑いのない国際的コンセンサスだ。危機は突然やってくる」と指摘。気候変動による大気中の二酸化炭素（CO_2）濃度の上昇、海面上昇、自然災害の増大等の「証拠」を数え上げた後、こういった。「気候変動は『ホライゾンの悲劇だ』」。

環境経済学で有名な「共有地の悲劇（Tragedy of Commons）」をもじった表現だ。「共有地の悲劇」は米環境学者のギャレット・ハーディン（Garret Hardin）が提唱した（注2）とされる。誰もが自由に利用できる状態の共有資源（出入り自由な牧場や漁場など）は、管理者がいないと過剰利用が進行して資源が劣化、結局、誰も利用できないようになるという事態を指している。ハーディンの指摘の100年以上も前に、英国経済学者のウィリアム・フォスター・ロイド（William Forster Lloyd）も同様の趣旨を述べている。カーニーは、「ロイズ」つながりで、英国の先人にも敬意を払ったのかもしれない。

では、気候変動が「共有地」ではなく「ホライゾン」の悲劇というのはなぜか。ここでホライゾンは「地平線」という訳とは異なる。「時間軸、視野」というほうが近い。気候変動対策は早期に対応すれば、低いコストでダメージを縮小できる。だが人間は自らへの影響を実感できないときには、短期志向で目先の利益を優先し、長期的課題を先送りしがちだ。特に金融市場は「超短期」の思惑の交錯によって価格が形成される場である。

気候変動が足元で燃え上がり、人類の未来を脅かしている状況がみえる状態になっても、人は眼先の収益に固執し、抜本的な対策を先延ばししてしまう「視野（ホライゾン）の悲劇」にとらわれる、と警告を発したのだった。

警告だけではない。カーニーは行動を求めた。「目先の視野」を変えるため、企業が、経済社会が、抱え込んでいる気候リスク（移行リスク、物理リスク、訴訟リスク）を推計し、開示することを求める企業主導の「気候情報開示タスクフォース」の設置を提案した。その2カ月少し後、パリ協定にあわせて、FSBはG20の要請に応えるとして、傘下に正式に気候関連財務情報開示タスクフォース（TCFD）の設立を決めた。

カーニーのリーダーシップ

TCFDの議長には米情報会社ブルームバーグの社長、マイケル・ブルームバーグが就任した。「2人のマイク」はこの後、二人三脚で気候リスク情報開示のフレームワークづくりを主導していく。TCFDは2017年6月に最終報告書をまとめる。その成果をみる前に、「なぜ、カーニーだったのか」を、もう少し検証しよう。

カーニーはカナダ生まれのカナダ人である。米国ゴールドマン・サックス（GS）に13年勤めた。GS時代は各国のソブリンリスクの共同責任者、新興国の債券市場や投資銀行業務の責任者等を務めたほか、南アフリカのポストアパルトヘイト時代のベンチャー関連ビジネス、1998年のロシアの金融危機時での対応にも加わった。要するに財務、非財務の多様なリスクを金融の視点で扱ってきたリスク管理のプロなのだ。その過程で各国の政策当局者とも深く親交を結んでいる。

その後、2003年にカナダ中央銀行に副総裁として入る。1年後には同財務省に転

図表3-1　マーク・カーニー（左）とマイケル・ブルームバーグ（右）

写真：AP／アフロ

じ、さらに2008年2月には再び中央銀行に移り、総裁になる。そこで「伝説」をつくりあげる。

就任1カ月後に金利を0・5％引き下げたのである。当時、第1章でも触れたリーマンショックの「前夜」で、金融市場は不安定に揺れ動いていた。その後4月になるとカーニー総裁は、低金利維持の金融政策を少なくとも1年は動かさないとの宣言「Conditional commitment」を発した。同じ頃、欧州中央銀行（ECB）等はリーマン危機の影響による通貨暴落を避けるため、逆に金利引上げに転じるなど、金融当局同士で政策の方向性が異なるという混乱に陥った。

当時のカナダ中央銀行が相対的にう

まくシステミックリスクを乗り越えられた背景は次のように説明される。カナダでは大手6大銀行にリスクが集中していたのに対して、米国や欧州では規模の比較的小さい金融機関にまで、リスクが分散していた。カナダではシステミックリスクをもたない金融機関（危機局面でも資本余力のある先）も比較的数多く存在した（注3）。そうした金融環境に向けたカーニーの流動性供給策が功を奏して、カナダの金融機関はリーマンショックの打撃を最小限に抑制できたとされる。

カナダは、リーマンショックの打撃が少なかっただけでなく、リーマン後の経済低迷からもG7諸国で最も早く抜け出せた。危機の最中での冷静でかつ果敢な決断から、カーニーは「最も信頼できるカナダ人」（Reader's Digest）、「2012年の最優秀中央銀行総裁（Central Bank Governor of the Year）」（Euromoney）等の称号を得た。

最大の称号は、その後に英イングランド銀行総裁に迎え入れられたことだろう。2011年11月にはリーマンショック後に金融システム安定のための新たな国際機関として設立された金融安定理事会（FSB）の二代目議長（初代はイタリア中銀総裁で後にECB総裁になるマリオ・ドラギ）に就任した。カーニーはFSB議長のポストをドラギから引き継いだ際はカナダ中銀総裁だった。その1年後、FSB議長のまま、イングランド銀行総裁に〝鞍替え〟する離れ業を演じた。

英政府から三顧の礼で迎え入れられたのである。日本ならば、日銀総裁が他の国の中央銀行総裁に転身するようなもので、ちょっと考えられない。1694年設立のイングランド銀行でも初めての「外国人総裁」だった。英政府自身が国籍よりも「政策マン」としての手腕・実力を高く評価したわけだ。ちなみにカーニーは、イングランド銀行総裁在任中に、英国籍も取得している。

TCFDとは何だったか

カーニーが「ホライゾンの悲劇」を警告し、気候リスクと金融のシステミックリスクをつなぎ合わせた新たなリスクへの備えを託したTCFDは2015年12月4日、パリ協定開催中に立ち上がった。TCFDの座長に就任したマイケル・ブルームバーグも元はウォールストリートの金融マンだった。

米国ソロモンブラザース時代に株のトレーダーを務め、同社が買収された際に得た資金でデータ提供会社を設立した。コンピュータ化された端末とデータの販売で、世界トップの情報会社を育て上げた立志伝中の人物である。その間、ニューヨーク市長も務め、2020年の米国大統領選挙の民主党予備選挙でも一時名乗りをあげるなど、野心満々な人物として知られる。

TCFDは少し不思議な組織構造をしている。FSBの傘下で立ち上がったが、建前的には民間の自主的活動とされているのだ。実は、このTCFDの設立は、第1章で指摘したように、気候変動問題に否定的な見解をもつトランプ政権の登場を前提として、「気候政策不在」のはずの米国のサステナブルファイナンス路線を維持するためのサステナビリティ派の政治戦略との見方ができる。

ＦＳＢそのもの、あるいは国際的な銀行監督のルールをつくるバーゼル銀行監督委員会（ＢＣＢＳ）等で気候リスク対応に取り組んだとしたら、時の政権の意向を無視できない。トランプ政権がパリ協定から離脱したように、公的な取決めの扱いは、政権が判断する。しかし、「民間の自主的活動」ならば、政治が左右するわけにはいかない。

その「民間の活動」を、グローバルメディアの先頭に立ち、かつ市場インフラでもあるブルームバーグ社を率いるブルームバーグが担うとすれば、さすがのトランプも簡単には手出しはできない（ブルームバーグは個人資産規模でもトランプを上回る）。そこで、「ＴＣＦＤは米国サステナビリティ派による戦略拠点」というのが筆者の分析だ。その根拠は、ＴＣＦＤを構成・運営した人々の顔ぶれにもある。

ＴＣＦＤな人々

ＴＣＦＤは32人の委員で構成した。議長のブルームバーグのほか、４人の副議長、気候関連財務情報を提供する企業サイドの「データ準備委員」、データを評価する金融機関などの「データ利用委員」、それに「その他の専門家」の３分野の陣容で構成する。

日本からは、立ち上がりから報告書公表までのデータ利用委員として、東京海上ホールディングスの長村政明が参加。報告書公表後の2018年からはデータ準備委員として、三菱商事の藤村武宏が参加した。ともに所属企業のサステナビリティ分野の専門家だ。他の国の委員もそれぞれグローバル企業、金融機関選出の専門家たちで構成された。だが、これらの人々はいわば「表の参加者」。

見逃せないのが「事務局（Secretariat）」の顔ぶれだ。元米証券取引委員会（SEC）委員長のメアリー・シャピロ（Mary Schapiro）のほか、元ニューヨーク連銀のリスク専門家のステーシー・コールマン（Stacy Coleman）、元連邦準備制度理事会のジェフ・ステーム（Jeff Stehm）らがそろう。関係者によると、このうち、TCFDの報告書取りまとめに最も積極的に関与したのが、シャピロだったという。

シャピロは民主党、共和党の両政権を通じて、いくつかの金融監督部門で要職を重ね、オバマ政権時代の2009年に初の女性SEC委員長に任命されている。その翌年、SECは「気候変動情報開示に関するSECガイダンス（Commission Guidance Regarding Disclosure Related to Climate Change」（注4））を公表している。

2009年の国連気候変動枠組条約第15回締約国会議（COP15）では京都議定書の次の「約束期間」をどうするかが最大の課題だった時だ。温暖化対策を重視したオバマ政権の意向を受け、SECはTCFD提言に先駆けるかたちで、気候リスク情報開示を企業に求める方針を示していたのだ。ただ、同ガイダンスは、どのように気候リスク情報を把握し、どう評価し、どこに記載するのか、といった方法論は明確ではなかった。

もう1人、キーマンがいる。ＴＣＦＤの議論を整理、仕切る役割を演じたのが、ブルームバーグの右腕として長年、行動をともにしてきたカーティス・ラベネル（Curtis Ravenel）だった。ラベネルはその後、ＥＵが力を入れたタクソノミー作成の技術専門家グループ（ＴＥＧ）にもブルームバーグ社を代表するかたちで参加している。ラベネルは米国人だが、ブルームバーグ社は気候変動等の非財務情報の提供にも力を入れているグローバル企業であるので、ＴＥＧに入ってもなんら不思議ではない、ということになる。ブルームバーグ社が「米国サステナビリティ派の戦略拠点」として、ＴＣＦＤの運営を担ってきたのは次のエピソードにも表れている。

最終報告書が公表された翌２０１８年4月のこと。ＦＳＢ議長であるマーク・カーニーがＴＣＦＤへの賛同企業を夏の終わりまでに５００社に増やす「ＴＣＦＤ５００」の目標を立て、力を入れている、との情報が流れた。筆者が運営する環境金融研究機構のサイトでも報じたところ、しばらくしてブルームバーグ本社の担当者からメールが届いた。「「５００社」はカーニー氏の目標ではなく、事務局の目標だ。記事を修正してくれないか」。いささか説得力を欠く説明だったが、要請に応じた。ＦＳＢ議長が民間の自主的活動の産物であるはずのＴＣＦＤ報告書への賛同企業を募る構図は、たしかに政治的な摩擦を生み出しかねないと判断したためだ。興味深かったのが、ブルームバーグからの要請がＵＮＥＰ ＦＩの関係者を経由して届いた点だった。ＴＣＦＤとＵＮＥＰ ＦＩのつながりを垣間みた思いだった。２０２０年12月現在、ＴＣＦＤの賛同機関は１６００を超え、このうち気候データを提供する側の企業の賛同が大半を占めている（注5）。

ＴＣＦＤ提言の「野心性」

２０１７年6月に公表された最終報告書（注6）は、気候リスクによる財務的影響を移行リスクと物理リスクに分けて情報開示の必要性を強調している。気候変動の激化による洪水、集中豪雨、干害、森林火災等の物理リスクは、人命を奪い、コミュニティを破壊し、経済活動を阻害する。また石炭、石油・ガス等の化石燃料資源から脱炭素化への転換は、化石燃料に依存してきた産業、国・地域に短期間で重大な財務的影響を及ぼす可能性がある。

その一方で、こうした気候リスクへの対応、あるいは移行・転換等は、同時に新たなビジネス機会をもたらす側面もある。そこで報告書は、企業運営における中核的要素であるガバナンス、戦略、リスク管理、指標・目標という4項目をあげ、それらにおいて気候関連のリスク・リターン情報を明確に位置づけることを求めた（図表3－2）。前章でみた「グリーンスワン」の存在を早急に把握するための備えでもある。

図表3－2　TCFDが提唱する気候関連財務情報開示における中核的要素の構成

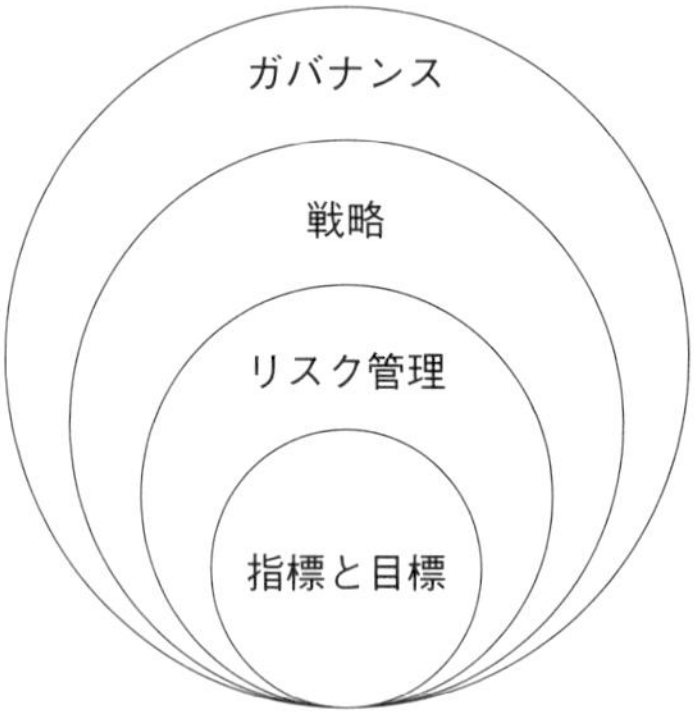

ガバナンス
気候関連のリスクと機会に関する組織のガバナンス

戦略
気候関連のリスクと機会が組織の事業、戦略、財務計画に及ぼす実際の影響と潜在的影響

リスク管理
組織が気候関連リスクを特定・評価・管理するために用いるプロセス

指標と目標
関連する気候関連のリスクと機会を評価・管理するために用いる指標と目標

（出所）　TCFD最終レポートより

気候関連情報は代表的な非財務情報である。パリ協定が目指す目標は、「2度C目標」「1・5度C目標」の両建てだが、それぞれによって企業・社会が受ける影響度の推測は異なる。そこで報告書はシナリオ分析の採用を提唱し、複数の気候変動シナリオに対して当該企業のレジリエンス（強靭性）がどう左右されるかを評価分析するストレステストでの確認を提案した。

ストレステストは、リーマンショック等の金融市場の混乱が生じた際、企業がどれくらい変動に耐えられるかを知るために、あらかじめ一定の負荷を想定したテストを実施して、リスク資産の範囲やヘッジ等で管理する手法だ。気候リスクのシナリオごとの想定負荷についても、同様の手法で検証することで、企業は気候リスクの高い資産を減らし、リスクの少ない資産を選ぶインセンティブを高めることが期待される。

英国は2021年1月から、ロンドン証券取引所（LSE）上場の主要企業を対象に、TCFD提言に沿った気候関連情報開示を義務化し、2025年までに開示義務化の範囲を徐々に拡大する方針を打ち出している（注7）。フランス中央銀行も金融機関の監督にTCFD提言を取り入れるほか、EUも非財務情報開示指令（NFRD）をEU規則に格上げし、気候情報開示の義務化を各企業に迫る構えだ。日本の金融庁も大手金融機関を対象に、2021年春に向けて気候リスク対応の点検を進めているという。

このようにTCFDの提言は、非財務情報である気候リスクへの対応を、企業、金融機関の双方に求め、最終的にはそれらのリスク・リターン対応を財務報告書に反映させることも想定している点で、きわめて「野心的」といえる。

筆者の専門領域は、「環境金融論」だ。第1章でみたように環境負荷の多くは「外部不経済」として扱われる。その重みは定量化がむずかしいので、非財務情報とされ、財務情報と切り離されている。環境金融論の最大の論点は、この財務と非財務のギャップを埋め合わせて、企業の財務諸表に環境のリスクとコストを反映させることにある（注8）。したがって、TCFD提言がその手法としてシナリオ分析（＋ストレステスト）を提唱し、企業の財務諸表にそれらの成果を反映させる方向性を示す提言を読んだ際、一種の「感動」を覚えた。

図表３－３ TCFD報告が示す気候関連のリスク、機会、および財務への影響

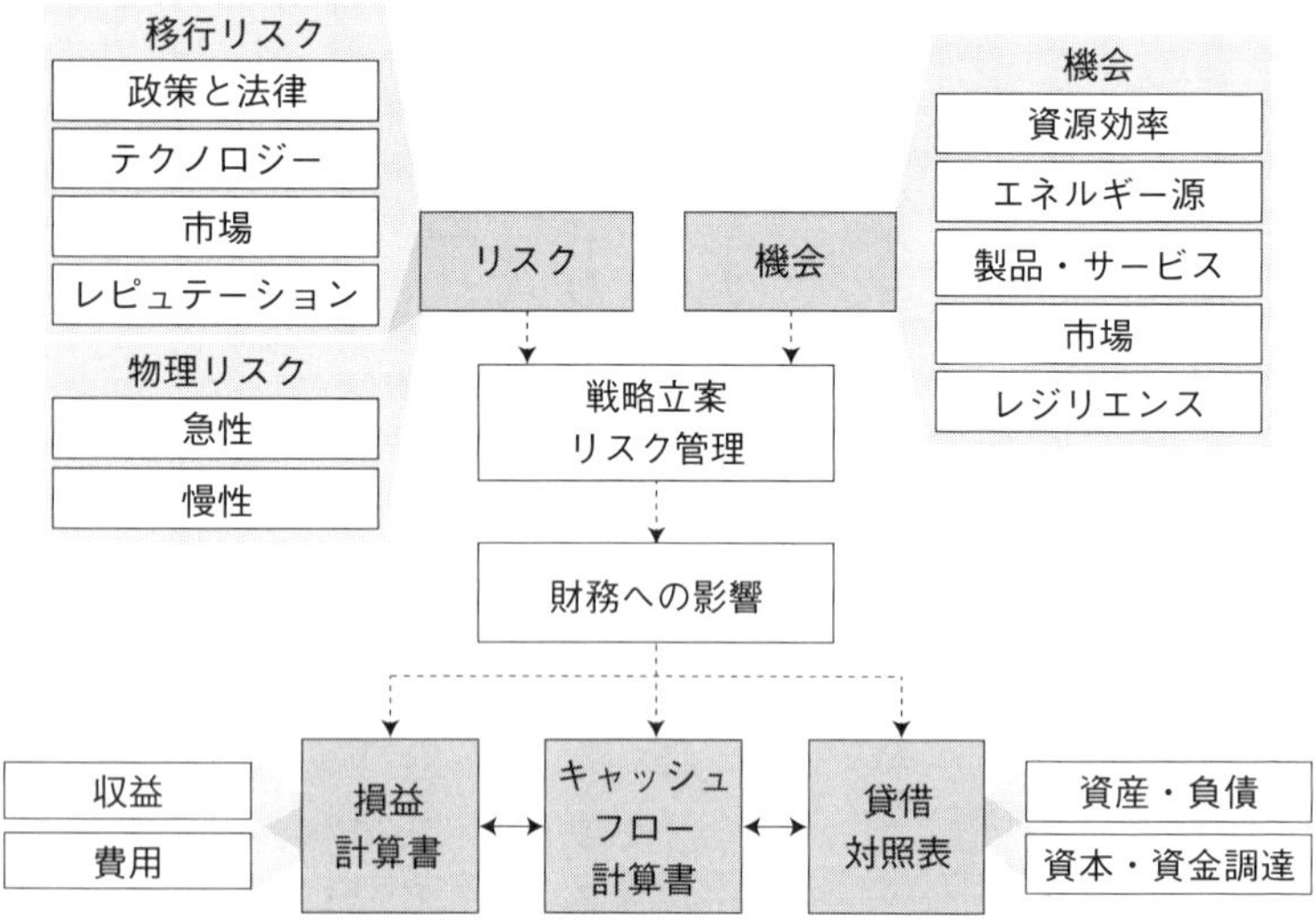

（出所） TCFD最終レポートより

図表３―３にあるように、提言は気候関連リスクと機会、さらに財務への影響を評価したうえで、企業や金融機関の戦略的計画、リスク管理に反映させることを求めている。次いで、そうした財務的インパクトを、企業価値を表す企業の損益計算書、キャッシュフロー計算書、貸借対照表に展開するチャートを示している。ＴＣＦＤの「野心」が、少なくとも気候分野での財務・非財務のギャップの埋め合わせを意図しているのは間違いない。

ただ、シナリオ分析は将来予測であり、どのシナリオを使う

か、シナリオの変数をどうするか等、不確実な要素を含んでいる。そのインパクトを財務諸表に記載するにはもう一工夫が必要だ。TCFD提言を具体化するさらなる工夫の場は、中央銀行、金融監督当局による次の「自主的な協議」の場である「NGFS」に移ることになる。

NGFSの登場

2017年12月。パリ郊外を流れるセーヌ川沿いの島に設置されたライブ会場「ラセーヌ・ミュジカル」で、「One Planet Summit」が開かれた。2年前のパリ協定を記念し、協定の支持拡大のモメンタムの維持と、公的・民間資金のグリーン化を図ることなどを目的に、エマニュエル・マクロン（Emmanuel Jean-Michel Frédéric Macron）仏大統領とアントニオ・グテーレス（António Guterres）国連事務総長、ジム・ヨン・キム（Jim Yong Kim）世界銀行総裁が各国に呼びかけて開いた。4つ開いたパネルのテーマのうち、2つが「気候変動対策への資金拡大・グリーン化」をめぐるものだったことでわかるように、気候ファイナンスが主要テーマに据えられていた。

このサミットで設立が決まったのが、「金融システムをグリーン化するネットワーク（Network for Greening the Financial System：NGFS）」である。TCFDが「FSB傘下の民間の自主的な活動」との位置づけで、実質的に米国サステナビリティ派の意向を反映した組織だった可能性を指摘したが、NGFSも同様に、「中央銀行と金融監督当局による自主的機関」であるとともに、EUの金融監督当局が主導権を握った組織といえる。

NGFSの事務局はフランス中央銀行に置かれている。議長にはオランダ中央銀行理事のフランク・エルダーソン（Frank Elderson）が就いた。エルダーソンはオランダ中銀の銀行監督担当責任者であり、ECBの監督理事会のメンバーでもある銀行監督の専門家だ。「総裁」ではなく、「担当理事」をトップに据えることで実務性を強調するかたちだ。

その実務性は、3つの作業グループ（Workstream：WS）で検証されてきた。①マイクロプルーデンス／金融監督、②マクロファイナンス、③グリーンファイナンスのスケールアップ。それぞれのWSの責任者の顔ぶれに、現在の金融監督部門での主要国の力関係が示されている。①は個別金融機関の気候リスク対応の監督であり、第2章でみた中国人民銀行の馬駿が議長を務める。②は気候リスクがマクロ経済・金融に及ぼす影響等をみる。議長は英イングランド銀行理事（銀行監督担当）のサラ・ブリーデン（Sarah Breeden）。③はグリーンファイナンス市場の拡大であり、中銀や監督当局自らのグリーン化を担当する。議長は独ブンデスバンクのサビーネ・モウデラー（Sabine Mauderer）、で構成した。

NGFSが示すシナリオ

NGFSは2020年6月、参加する中銀・銀行監督当局向けに気候シナリオのモデルとなる「NGFS Climate Scenarios」（注9）と、同シナリオを金融監督業務へ生かすためのガイド「Guide to climate scenario analysis for central banks and supervisor」（注10）公表した。

２０１９年4月の「First Comprehensive Report」では移行リスクと物理リスクの重みを4象限のシナリオに分けて示していた。だが、今回の「推奨シナリオ」では移行と物理の両シナリオのどちらも後手に回る「Too little, too lateシナリオ」はモデル化が現状ではできないとして除外。「Orderly（O：秩序あるシナリオ）」「Disorderly（D：不規則なシナリオ）」「Hot House world（H：十分な対策がとられず気候変動の物理リスクが激化するシナリオ）」の3分野のシナリオを示している（図表3－4）。

このうち「Oシナリオ」と「Dシナリオ」はともに、パリ協定が示す「2度C目標」に適合する移行につながるとしている。「Oシナリオ」では、適切な気候政策が早期に導入され、次第に強化されるとの想定だ。そうだとすると、移行リスクも物理リスクも相対的に低く抑えられる。この場合、ＣＯ$_2$排出量のネットゼロ化は２０７０年より前に達成される前提で、その達成可能性は67％としている。

「Dシナリオ」の場合、適切な気候政策が２０３０年までは導入されないとの想定だ。政策対応が遅いことと、排出削減のために利用できる技術が限られていることなどから、ネットゼロの目標達成のためには、「Oシナリオ」よりも急激な削減が必要となる。その

図表3－4　NGFS報告書が示す気候リスクシナリオ分析の分類

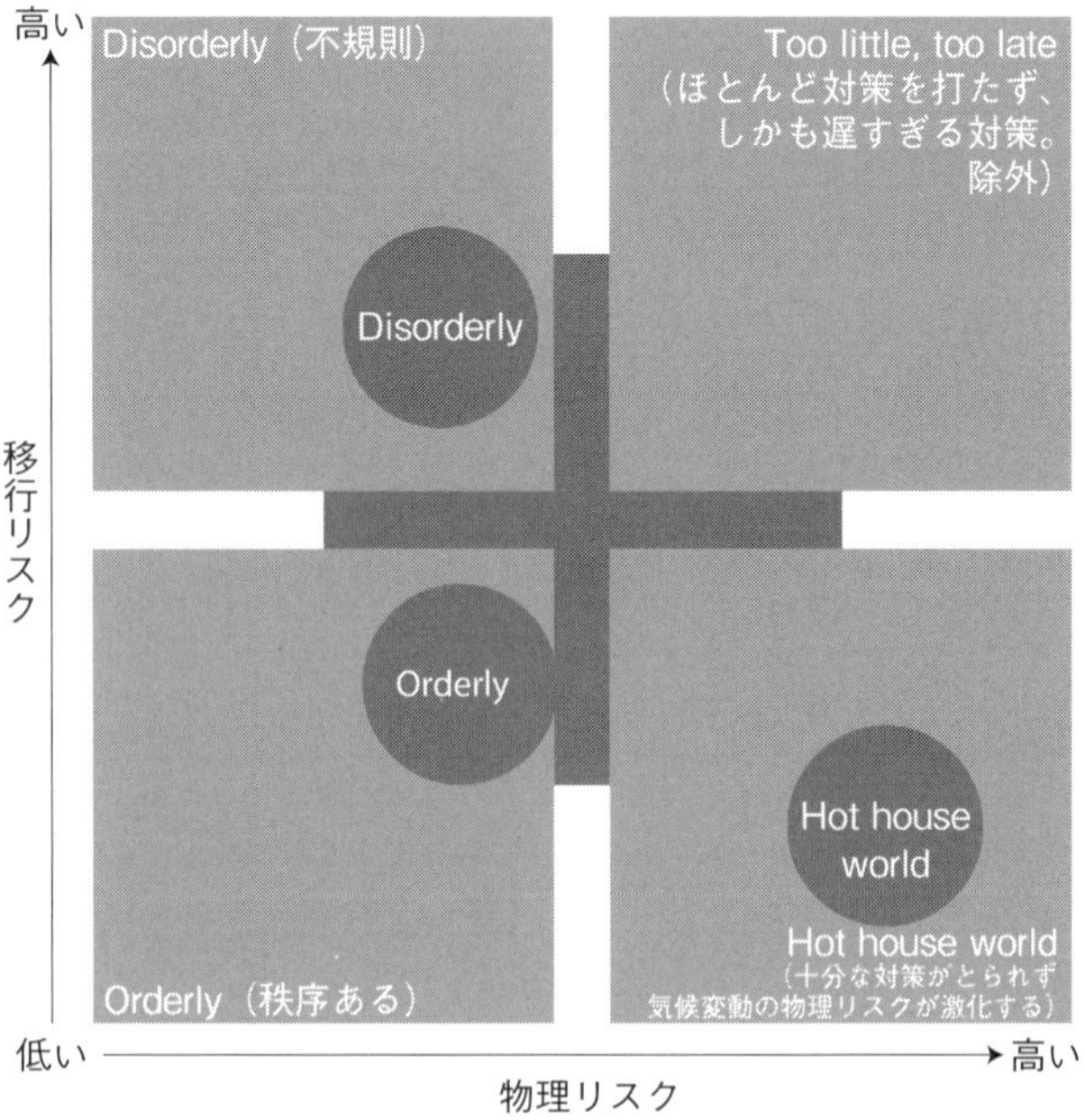

（出所）　NGFS, "Guide to climate scenario analysis for central banks and supervisors" Jun, 2020より

結果、移行リスクはより高くなる。

「Hシナリオ」では、思い切った気候政策はとられず、現行の政策が継続されるとの想定だ。パリ協定で各国が公約した国別温暖化対策貢献（NDCs）は不十分で適合せず、排出量は2080年まで拡大し続け、気温上昇は「3度C」に至る。その結果、海面上昇や暴風雨の激化等の物理リスクが増大する、としている。

これらの３種類のシナリオに加えて、代替シナリオを５種類示した。目標を「１・５度Ｃ」とする場合や、森林、農業、土地利用等によるＣＯ２の吸収効果（Carbon Dioxide Removal：CDR）を十分に考慮する場合と、限定的に考慮する場合、さらにＮＤＣｓシナリオ等を設定している。

企業、金融機関はこれらの複数のシナリオに、自らの事業・経営を当てはめ、どう影響を受けるかを推計することが求められる。シナリオによって影響の大きい結果が想定される場合に、その影響を減じるためにどのような事業を変更するか、対策をとるか、経営方針を転換するか等の対応も求められる。金融当局は金融機関がこれらのシナリオに基づいて投融資先の評価・モニタリングをしているかどうかを監督する。

ＮＧＦＳには日本の金融庁、日銀をはじめ、世界69の金融当局と13のオブザーバーが参画している。米国からはニューヨーク州連銀が参加、オブザーバーには経済協力開発機構（ＯＥＣＤ）、国際通貨基金（ＩＭＦ）、世銀等が顔をそろえている。あくまでも金融当局同士の自主的な対応といいながら、国際的な政策調整の場であることを明確に示している。

バイデン政権の実現を見据えるかたちで、２０２０年12月、米連邦準備制度理事会（ＦＲＢ）もＮＧＦＳに正式メンバーとして参加した。今後、ＮＧＦＳの議論をＢＩＳあるいはバーゼル銀行監督機関委員会等の公式な場に移す可能性も出てきそうだ。

どちらにしろ、ＮＧＦＳが示した気候リスクのモデル案をふまえて、各国金融当局は監督業務を通じて、金融機関の気候リスク対応に目を光らせることになる。金融機関は自らの気候リスク、すなわち投融資先の気候リスクを精査する体制整備と、企業への対応を強化しなければならなくなる。

金融機関のＴＣＦＤ対応

では、金融機関がどのようにしてシナリオ分析に沿って、自らの投融資先の気候リスクを精査し、気候リスクマネジメントを構築すればいいのか。金融機関が抱える投資資産、融資、保険等のそれぞれによって、気候リスクの重みや削減のための技術的可能性も異なる。シナリオ分析の土台となる金融機関の保有資産にはいったい、どれくらいの気候リスクが含まれているとみればいいのか。

日本の3メガバンクは、金融庁による気候リスク監督の実施の前に、それぞれ独自の手法でシナリオ分析を実施、物理リスク、移行リスクの試算を公表している（注11、注12、注13）。

最初に試算に取り組んだ三井住友フィナンシャルグループは2019年4月、気候変動に関する政府間パネル（ＩＰＣＣ）の代表濃度経路（ＲＣＰ）２・６シナリオ（2度Ｃシナリオ）、ＲＣＰ８・５シナリオ（4度Ｃシナリオ）を使って企業向け貸出資産の物理リスクのうち、洪水等の水災リスク推計額を公表した。２０５０年までの担保毀損と、企業の財

図表3－5　3メガバンクの移行リスクと物理リスクの独自試算結果

	MUFG	みずほ	SMBC
移行リスク累計	300億～ 2,700億円	1,200億～ 3,100億円	600億～ 3,000億円
物理リスク （水害）累計	380億円	520億円	300億～ 400億円

（出所）各社のHPより

務的影響による与信関係費用の増加額は累計300億から400億円程度、単年度平均10億円程度とした。移行リスクは傘下の三井住友銀行の炭素関連資産（貸出金の6・9％）を対象に、国際エネルギー機関（IEA）シナリオで2050年までに単年度で20億から100億円程度の費用増加見込みとした。みずほフィナンシャルグループと三菱UFJフィナンシャル・グループも含めた各推計は図表3－5のようになる。

TCFDコンソーシアムの〝勘違い〟

TCFDの賛同企業の3分の1は日本企業で占められる。日本企業がこれほど気候リスク開示に前向きとは、世界も少し驚いたのではないか。単に賛同署名するだけではない。経産省の音頭取りで「TCFDコンソーシアム」と名づけた官民連携組織を結成、カーニーらを招聘しての「TCFDサミット」なるイベントも毎年実施している。

TCFDは「お祭り」ではないはずだが、企業が自らの気候リスク情報開示に積極的に取り組むことはもちろん望ましい。ただ、この「コンソーシアム」運動、TCFDが本来目指す方向とかなりずれていると指摘せざるをえない。

「TCFDコンソーシアムの活動指針に関する宣言」なる文書（注14）は、①気候変動問題は世界共通の課題であると認識し、その解決のためにはイノベーションを起こすことが不可決、②気候変動に伴うリスクを適切に管理するとともに、積極的にイノベーションに取り組み、開示する、③効果的な情報開示のあり方や開示された情報の活用の仕方について、積極的な対話を行い、相互の理解を深め、国際的にも発信する、と宣言している。

イノベーションの重要性はそのとおりだ。だが、TCFDが求めるのは各企業が抱えるいまの気候リスクと、シナリオ分析による将来リスクの把握であり、それらのリスクへの対応力の確認である。求められているのは「リスク対応」なのである。リスク対応がうまくいかないと、宣言がアピールする「環境と成長の好循環」どころか、前述のNGFSが示すDシナリオやHシナリオのように、企業経営は難航することが予想される。そうなると、イノベーション自体、空回りしてしまう。

この「環境と成長の好循環」論は経産省や環境省が好んで使うフレーズだ。気候リスク対応の省エネ技術や再エネ事業、CO_2削減機器等の開発が新たな市場を生み出すのは間違いない。しかし、実際には気候リスク対応も環境負荷対応も、経済社会にとっては外部不経済であり、追加コストである。企業は可能な限り気候リスクを的確に把握し、評価、開示したうえで、最も費用対効果の高い対策をとることで、はじめてビジネス機会の市場が開かれる。したがって、TCFD提言のウェイトは、まず「リスク」にあり、その情報開示が先にくる。

コンソーシアムは、この点で、気候リスク対応は行動の一部とし、むしろビジネス機会のほうを強調するようである。そうしたTCFD理解は、先進国のなかでも〝異彩〟を放つ。さらに、前述の英国やEUの対応のようにTCFD提言に基づく気候リスク情報開示は、義務化に向かっている。だが、コンソーシアムや経産省等は、気候リスク開示は自主的開示で事足りるかのような「幻想」を振りまいている。

日本の主要企業が採用する国際会計基準のIFRS採用企業はすでに200社を超す。後述するように、IFRS自体、気候リスク情報の開示を前提とするサステナビリティやESG、気候変動関連等の非財務情報開示を進める「サステナブル基準審議会（SSB）」の設立を目指している。不確実性の漂う気候リスクだけに、その開示を企業の自主判断だけに委ねておくと、リスクがよりみえなくなってしまうためだ。リスクの開示よりも、ビジネスチャンスだけが降ってくるかの「錯覚」をバラまくようなTCFDコンソーシアム運動は、日本企業にとって、百害あって一利なしではないのか。

ＴＣＦＤから財務・非財務情報の統合化に向かう

ＴＣＦＤ提言をふまえた世界の主要な金融機関は、それぞれ自らの投融資資産、ポートフォリオに占める気候リスク評価に取り組んでいる。個々の取組みだけでなく、ＴＣＦＤへの対応を金融機関共通の基準とし、財務情報と非財務情報の統合化を進めようという取組みも立ち上がっている。その1つが「金融機関の炭素会計パートナーシップ（Partnership for Carbon Accounting Financials：PCAF）」による「グローバル・カーボン会計基準（Global Carbon Accounting Standard）」の取組みだ（注15）。

ＰＣＡＦは、欧米の金融機関89機関で構成する（２０２０年12月現在）。基準の対象とする資産クラスは、①上場株と債券、②企業向けローン、③商業不動産、④住宅ローン、⑤自動車ローン、⑥プロジェクトファイナンス、の6分野。銀行が保有するそれぞれの資産から生じるＧＨＧ排出量を把握し、会計的に開示できるようにすることを目指す。

各金融資産のＧＨＧ排出量の計算は、民間スタンダードのＧＨＧプロトコルに基づく。対象とするＧＨＧ排出量は、対象金融機関のバリューチェーンでのScope3排出量も含める。ＰＣＡＦは、商業銀行のほか、投資銀行、開発銀行、資産保有機関／資産運用機関（投資信託、年金基金、クローズエンド型ファンド、投資トラスト）、保険会社という各機関への適用を前提としている。

ＴＣＦＤが求める気候リスクを、金融機関ごと、資産ごとに、共通の基準で財務的に把握するのがねらいだ。監督当局任せではなく、金融機関自らが気候リスクの評価に取り組む動きとして評価できる。

主導するオランダ勢

ＰＣＡＦは２０１５年のパリ協定を契機に立ち上がったイニシアティブの１つだ。目を引くのは、当初の担い手はオランダの金融機関14機関だったという点だ。当初の名称も「Dutch Carbon Pledge」。

オランダも英国と並ぶ金融立国として昔から知られる。第2章で、欧州主要国の英仏独によるサステナブルファイナンスへの取組み度合いをみたが、オランダも環境金融やサステナブルファイナンスの分野では、先行的な役割を果たしてきた。その取組みの特徴は、官民連携と、サステナブルファイナンスでの大銀行・専門銀行の連携という点にある。「オランダチーム」はさらに、第6章でみるように、生物多様性ファイナンスの評価手法の開発も推進している。

オランダによるサステナブルファイナンスの先行的取組みとされるのが、１９９５年にスタートしたグリーンファンド・スキーム（ＧＦＳ）だ（注16）。それによると、オランダの金融機関は環境関連の融資・預金について通常の勘定とは別の勘定（「グリーンバンク」

とも呼ぶ）を設けて、政府からＧＦＳ承認を得ることができる。同勘定での預金（あるいは債券購入）の金利は市場金利より低い。だが預金者は預金等が環境分野の融資に確実に回ることを前提として、当該口座を選ぶ（非課税）。ＧＦＳ承認を得た銀行はその低利資金を環境関連事業に優遇条件で融資する仕組みだ。

非課税にすることで、政府が預金者を支援し、預金者は見返りに低金利を受け入れて金融機関を支援し、金融機関はそれらの資金を使って環境ビジネスを掘り起こし支援する。政府の非課税政策で預金者の環境投資意欲を刺激し、次いで民間資金を稼働させるという絵に描いたような政策主導のサステナブルファイナンスモデルだ。発足から25年。ＧＦＳによる投融資額は累計50億ユーロで毎年８億ユーロが新規投資されているという（注17）。

オランダではすでに「古典」に属するＧＦＳのスキーム以外にも、いくつかのサステナブルファイナンスモデルがある。複数のファンドやパートナーシップを設定し、途上国の気候変動対応や貧困対策等への民間資金供給のパイプも設定している。ＰＣＡＦはそうした取組みの土台として、パリ協定への金融機関の取組みの適合性を明確にするため、同国の金融機関が共同で「国際基準」づくりに取り組んでいるものだ。

オランダにはＩＮＧやラボバンク、ＡＢＮ　ＡＭＲＯなどのグローバル銀行が複数存在する。ＰＣＡＦにはこれらの銀行も参加しているが、全体のまとめ役は同国の環境銀行の１つで従業員２００人弱のＡＳＮ銀行（フォルクスバンクグループ）が担っている。ＡＳＮ

は顧客数65万人、運用資産145億ユーロ。日本の中堅信用組合の規模といえる。店舗をもたずネット、電話等でのバンキングに徹している。

同国の環境銀行にはトリオドス銀行も知られる。同行はASNより規模は少し大きい。だが、ING等のグローバル銀行に比べるまでもないマイクロファイナンス銀行だ。そのトリオドスはオランダ金融界において、先のGFSのまとめ役として、長年にわたって同国の官民をつなぐ役割を担っている。

一方のASNの経営方針は、トリオドスよりもある意味で「過激」だ。すべての投融資先で2030年までにネット気候ポジティブ（CO_2排出量マイナス）と、生物多様性ポジティブの達成を掲げるほか、途上国での衣料品企業向けファイナンスでは2030年までに労働者への最低賃金確保を条件とする環境・社会目標を掲げている。ASNが投融資の除外対象とする企業は、市場全体の「環境・社会」評価で「黄信号」扱いになるとみなされるほどだ。

オランダでは、国民の間にこうした環境・社会に特化した金融機関への支持が根づいている。大手行もこの分野で覇を競うのではなく、ミッションを優先する環境銀行を尊重する伝統が定着している。それがGFSやPCAFでの両行の役割を支えている。

第1章で、米国のショアバンクがサブプライムローン業者に攻め込まれ、悪戦苦闘の末に破綻したことをみた。オランダのASNもトリオドスも、同じように環境・社会の非営利分野へのファイナンスに特化してきた金融機関だ。欧州には両行のほか、各地に環境銀行を名乗る中小銀行が点在する。彼らが、リーマンショックとその後の欧州債務危機の困難な時代を乗り越えることができたのは、多様な要因が重なったと思われる。

それらの要因の1つは、消費者の支持であり、もう1つは力点を置いた業務の違いがあったと思われる。ショアバンクは住宅支援を重点とした。そこでサブプライム業者の物量攻勢に吹き飛ばされた。ASNやトリオドス等は、同じ頃にEUが力を入れ始めた再生可能エネルギー事業等への投融資ニーズに答える展開をしたことが大きかった。欧州の再エネ事業は大規模事業もあるが、同時に、コミュニティレベルでの太陽光、風力発電事業が、裾野を形成するかたちで展開されてきた。そうした地域レベルの再エネファイナンスに、地域立脚型の環境銀行が機動力を発揮して対応し、それがまた地域市民の支持を得るという、地域での資金の好循環が、結果的に地道な再エネ事業の広がりにつながり、環境銀行の存立基盤を強化した。

オランダでは、子どもが生まれると、その子の将来のために株を買うという慣例があると聞いた。金融への理解と期待は、日本人の想像以上のようだ。英国の東インド会社の2年後にオランダ東インド会社が結成され、さらに株式会社を世界で最初に生んだ国でもある。自分たちが育んだお金を、いかに社会と自分たちのために生かすかを、市民が歴史と生活のなかで考え、行動に移しているわけだ。

米銀のＰＣＡＦ参加

オランダ勢の話はここで終わらない。ＰＣＡＦがオランダ金融界のイニシアティブから、国際イニシアティブに発展する背景には、２０１９年以降に米銀13行が相次いで参加したことが大きい。米銀の参加は、米国の協同組合型コミュニティバンクであるアマルガメーテッドバンク（Amalgamated Bank）の存在がある。同行は大恐慌時に、ニューヨークで労働組合が設立した伝統的な協同組織型銀行として知られる。

地域に立脚した同行は、トリオドス銀行等がグローバルな環境・社会銀行に呼びかけて組織しているGlobal Alliance for Banking on Values（ＧＡＢＶ）のメンバーでもある。ＧＡＢＶはコミュニティファイナンス金融機関が中心の国際組織だ。日本からは第一勧業信用組合（東京）が唯一参加している。２０１９年3月、ＧＡＢＶのうち28金融機関が、自らの投融資をＰＣＡＦの手法を使って評価・開示することを決め、ＰＣＡＦに参加を決めた。この時点で、オランダ金融界のイニシアティブは、グローバルなコミュニティファイナンス機関を糾合するかたちで広がった。

そのなかにアマルガメーテッドも加わっていた。同行の主導で、ＧＡＢＶのメンバーだけでなく、米銀大手のシティ、バンクオブアメリカ、モルガン・スタンレー等のウォールストリートの大手金融機関がまとまって参加したのだ。大手金融機関ではこのほか、英銀のナットウエストもPCAFに加わった。だが、中心は米銀とオランダ金融勢、それにGABV参加の各国コミュニティバンクという異質な組合せの国際組織となっている。

共通するのは、パリ協定の目標達成のためのTCFD提言を金融業務に取り込み、非財務要因の気候リスクを財務評価して、リスクヘッジをするとともにビジネスチャンスを獲得する視点である。大手米銀にとって、TCFDやNGFSの活動の背後には、米金融当局の姿が見え隠れしており、見逃すことはできない。一方で、トランプ政権下では、連邦準備制度理事会（FRB）等が金融監督政策に気候対応方針をどう盛り込むのかは読み切れなかった。バイデン政権になって、米国当局のスタンスは明確にサステナブルファイナンス支援に切り替わるだろうが、同時に、同分野の基準やルールをめぐる欧米市場間の競合・覇権争いが激化する可能性も高まる。

米銀がオランダ勢主導のPCAFに参加する背景には、こうした流動的な政治要因とは別に、気候リスク対応を実務ベースで積み上げ、発展させようというねらいが大きいと思われる。単に「保険」としてPCAFに参加するのではないようだ。モルガン・スタンレーは大手米銀を代表するかたちで、運営委員会メンバーにも参加している。参加するからには主導しよう、ということかもしれない。

カーニーのクレジット市場づくり

ＴＣＦＤを主導したカーニーは、英イングランド銀行総裁の座を２０２０年3月に辞した後、国連の気候変動と金融担当大使、国連気候変動枠組条約第26回締約国会議（ＣＯＰ26）のためのジョンソン英首相の気候アドバイザー等の公的な役割を引き受けた。その一方で、ＴＣＦＤ提言に沿って「ネットゼロ」化を進めるための自主的カーボンクレジット市場づくりの旗も振り始めた。

２０２０年9月に立ち上げた「Taskforce on Scaling Voluntary Carbon Markets（ＴＳＶＣＭ）」がそれだ（注18）。カーボンクレジット市場はＥＵ－ＥＴＳのような公的なカーボン取引市場とは別に、森林保全やＲＥＤＤ＋などに伴うＧＨＧ吸収効果をオフセットクレジットとして認め、売買する自主的市場がある。ＴＳＶＣＭによると、ＴＣＦＤの提言に沿って、企業等がパリ協定の「１・５度Ｃ目標」を達成するためのＧＨＧ削減を進めるには、ＥＵ－ＥＴＳなどの義務的市場からのクレジットだけでは不十分で、２０３０年までにクレジット市場全体を少なくとも現状（２０２０年）の15倍に、２０５０年のネットゼロの実現には１６０倍に拡大する必要があると指摘する。

そこでＴＳＶＣＭでは、オフセットクレジットの品質確保や、対象事業のタクソノミーを定める「コア・カーボン原則（ＣＣＰｓ）」を定めることを提言している。クレジットの現物、先物市場や流通市場の整備も求めている。

ＴＣＦＤに沿った脱炭素経営を実践するうえにおいて、業種の特徴等の理由でＧＨＧの削減が十分にできない産業・企業に向けて、市場取引を使って削減分（クレジット）を手に入れることができるようにするわけだ。逆にいうと、カーボン市場を整備することで、企業は脱炭素経営をしづらいなどの言い訳ができなくなることにもなる。

想定する新たなカーボン・クレジットの対象事業（タクソノミー）は、再エネやメタン回収等のCO_2削減、除外事業と、森林再生やカーボン回収技術、生態系保護や地域コミュニティの雇用創出等のコベネフィットを生み出す事業に二分している。自主的クレジットを生み出す可能性の高い地域・事業は途上国、それも最貧途上国に多く点在する。したがって、民間ベースのカーボン・クレジット取引が活発化すると、途上国・最貧国に市場資金が流れる期待がある。

ＴＳＶＣＭには、40人以上の民間企業の代表が参加する。ユニリーバ、ネスレ、シーメンス、シェル、ＢＰ、ＲＷＥ、タタ、ブラックロック、米バンクオブアメリカ、英スタンダードチャータード銀行、仏ＢＮＰパリバ等。カーボンオフセットの専門事業者も参加する。議長はスタンダードチャータードＣＥＯのビル・ウィンターズ（Bill Winters）が就いた。前ＳＥＣ委員長のアネッサ・ナザレス（Annette Nazareth）が運営を担当、国際金融協会（ＩＩＦ）が事務局を引き受けている。

「グリーン自己資本」の評価

ＮＧＦＳも引き続き進行形だ。先に指摘したように、バイデン政権の登場で、米国が公式に気候変動対応やサステナブルファイナンス政策を展開すると、ＮＧＦＳも「金融当局者のボランティアな集まり」という〝隠れ蓑〟を脱ぎ捨てて、ＦＳＢやＢＩＳなどの場に議論を移す可能性もある。ＮＧＦＳはすでに、金融機関向けに気候シナリオ分析を推奨しているが、さらに、それらのシナリオの企業向け標準化や、気候リスクのシステミックリスクへの伝播経路等の分析等を続けるとみられる。そうした気候リスクの影響分析等はＮＧＦＳの、いわば「表」の議論だ。「裏」の議論は？と目を凝らすと、欧州金融界が長年主張している「グリーンサポーティング・ファクター（ＧＳＦ）」構想がチラつく。

ＧＳＦとは、銀行が保有資産の気候リスクを制御し、資産のグリーン化を進めると、銀行の自己資本はその分、健全化すると考えられ、必要自己資本額は少なくてもよくなる、との考えだ。あるいは、資産のグリーン化を促すために化石燃料関連資産の保有には高い自己資本額を求めるブラウンペナルティ（ＢＰ）の案も考えられる。

気候リスクが資産の座礁資産化のリスクを高めるとの考えに従うと、グリーン資産が増加する銀行は座礁資産が少なくなるので、自己資本比率はその分緩和できるはず、との考えはそれなりの説得力はある。銀行だけでなく保険会社も、化石燃料比率の高い企業の保険引受を減らす保険会社の場合、支払い余力を示すソルベンシーマージン・レシオをその分、緩和できる可能性も出てくる。

欧州銀行協会（ＥＢＡ）はＮＧＦＳの発足が決まる３カ月前の２０１７年９月、ＧＳＦの導入の必要性を提言としてまとめ、欧州委員会や欧州議会に要請した（注19）。ＥＵはバーゼル委員会の国際基準とは別に域内での銀行の自己資本比率規制（ＣＲＲ）を定めており、同規制の改正を求めたわけだ。ＥＵはすでに２００８年のリーマンショック後、リーマン対策として中小企業向けの資本賦課を、従来より25％減額する「ＳＭＥサポーティング・ファクター（ＳＭＥ ＳＦ）」を設定している。ＧＳＦはＳＭＥ ＳＦのグリーン資産版なのだ。

ＥＢＡの要請を受けて欧州議会が提案した自己資本比率修正案では、ＧＳＦ比率を15から25％とした場合、欧州銀行の自己資本の減額分はＧＳＦの定義が限定的な場合で、20億から40億ユーロ、定義を緩やかにする場合なら50億から80億ユーロと推計される（注20）。自己資本比率の緩和分は新たな資金供給に回る。ＳＭＥ ＳＦによる減額分（２０１６年）が１２０億ユーロなので、ＧＳＦの推計減額はその半分程度だ（図表３－６）。

ＥＵのＧＳＦ支持派は同提案をＮＧＦＳのなかでも、他国の中銀や監督当局者に議論を吹っかけているのかもしれない。ＮＧＦＳのメンバーは実質的にバーゼル銀行監督委員会のメンバーと重複するためだ。ただ、ＥＵ内も一枚岩ではない。ＮＧＦＳをリードするフ

図表３-６　EUのグリーンサポーティング・ファクターの推計インパクト

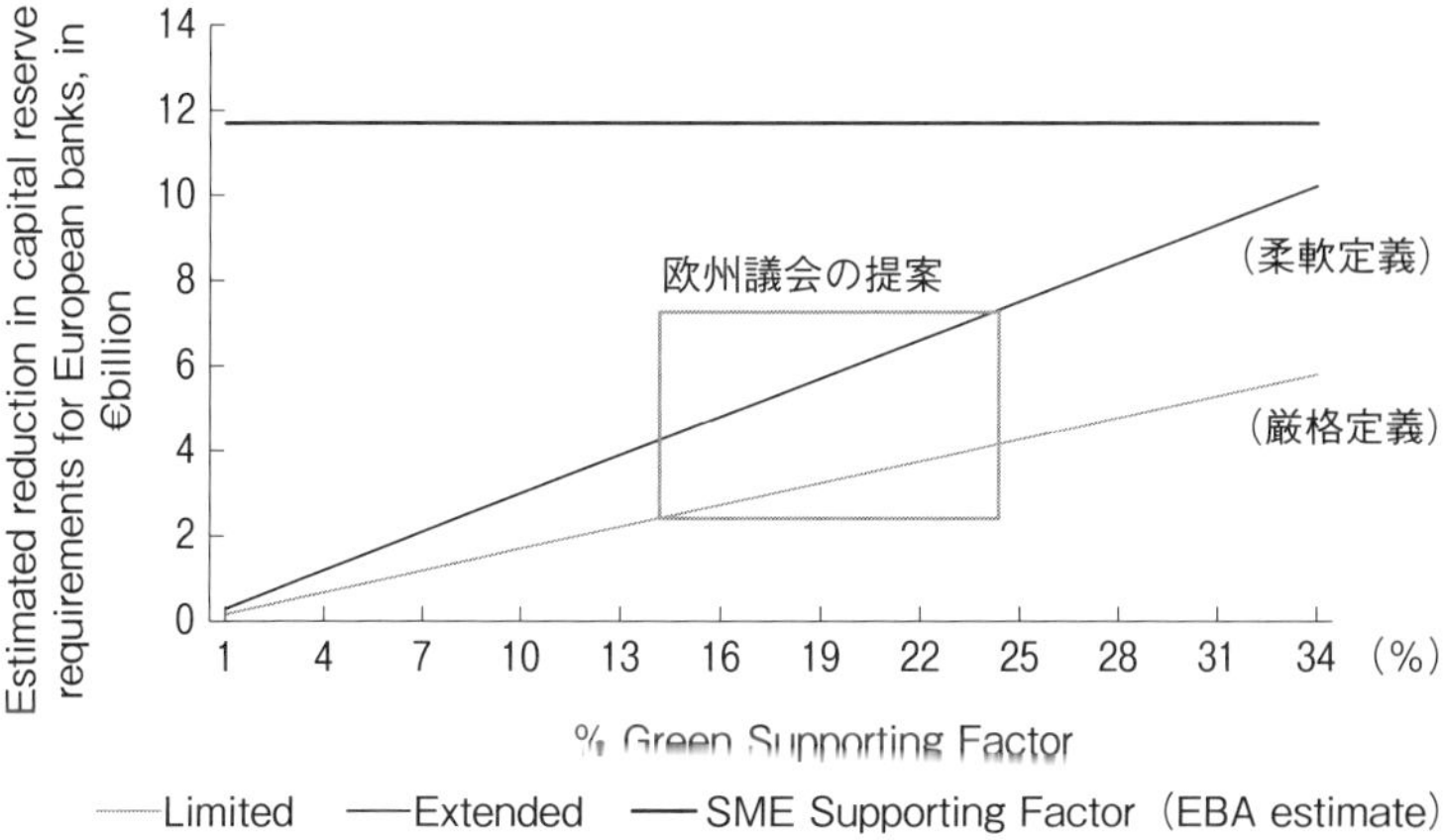

（注）　四角の囲みが、欧州議会が提案するGSFの資本賦課減額割合（横軸）とそれによる減額推計額（縦軸）。２本の斜線は「グリーン資産」の定義の違い。
（出所）　2° Investing Initiative, "The Green Supporting Factor"より

ランスや北欧諸国の当局はＧＳＦ推進派として知られる。しかし、強硬な〝反対派〟がいる。

ドイツだ。独ブンデスバンクは伝統的に財政にも銀行経営にも「健全性」を強く求めてきた。２０１８年３月、同バンク理事のアンドレアス・ドンブレット（Andreas Dombret）は欧州委員会がサステナブルファイナンス行動計画を発表する前日にフランクフルトで開いたシンポジウムに登場。ＧＳＦの扱いに触れ、「現行ルールは銀行の健全性に及ぼす重要なリスクは新たなリスク（気候変動など）も含めてすでにカバーしている。このルールを薄めて（Watering down）グリーンアセット

への自己資本額を低めるのは危険」と断じた（注21）。

ドンブレットは理事退任直前だっただけに、「本音」を包み隠さず語ったとみられた。第2章でみたように、欧州諸国のサステナブルファイナンスへの取組みのスピード感で、ドイツがフランスや英国等に後れをとってきたのも、ドイツの「伝統」を重視する慎重さにあるとの見方を示す一例ともいえる。

しかし、仮にGSFやブラウン資産へのペナルティ（BP）等が自己資本比率に組み込まれると、欧州に限らず、どの国の銀行も競ってグリーン資産取得に向かうだろう。化石燃料関連資産を縮小して気候リスクを減じ、グリーン資産を増やすことで自己資本対策も楽になるとなれば、銀行はグリーン＆サステナブルファイナンスを選ぶ。NGFSのメンバーたちが「伝統」を守るか、超えるか。金融当局自体も、気候リスクへの決意を問われる局面が近づいているかもしれない。

非財務情報団体の合従連衡は

TCFDからNGFSにつながる金融当局主導の気候リスク情報開示の手順が着実に進むことで、対応を迫られることになったのは、当該国の企業や金融機関だけではなかった。気候情報やESG情報等の非財務情報の開示フレームワーク等を自主的に提供してきた複数の民間団体等も、その存在自体を問われている。

何しろ、ＴＣＦＤもＮＧＦＳも、金融当局による自主的な取組みといいながらも、実質的に当局の政策運営の一翼を担っているのは明瞭だ。かつ前述のように、ＴＣＦＤは義務化の方向に向かっている。そうなると、企業、金融機関等にとって、これまで活用してきた純然たる民間主導の自主的フレームワークよりも、ＴＣＦＤ等に身をあわせることが重要になるのは当然だ。「当局の枠組み」に適合し、了解を得られるのならば、従来の民間フレームワークの必要性は低下する。

もっとも、ＴＣＦＤは非財務領域のうち気候リスクに限定している。その気候リスクをシナリオ分析とストレステストで把握する提案だが、それはあくまでも将来の推計のなかでの適合性を探る近似的・代替的な手法の１つでしかない。それだけで低炭素・脱炭素社会への移行に向けた企業価値の転換・変化を確実に把握できるわけではない。そこでこれまで環境・社会要因の非財務情報の開示フレームワークを構築してきた各団体は、ＴＣＦＤ対応を受け入れつつ、各団体相互の連携や新たな取組みの展開等に動いている。

国際的な非財務要因の原則・基準、情報開示、行動宣言等の自主的フレークワークとしては、次のような活動が知られる。

・ＧＲＩ（グローバル・レポーティング・イニシアティブ）
・ＣＤＰ（旧カーボン・ディスクロージャー・プロジェクト）
・気候変動開示基準委員会（ＣＤＳＢ）

・国際統合報告評議会（ＩＩＲＣ）
・サステナビリティ会計基準審議会（ＳＡＳＢ）
・エクエーター原則（赤道原則）
・ポセイドン原則
・金融機関カーボン会計パートナーシップ（ＰＣＡＦ）
・責任投資原則（ＰＲＩ）
・責任銀行原則（ＰＲＢ）
・サイエンスベースド・ターゲッツ・イニシアティブ（ＳＢＴｉ）
・トランジション・パスウェー・イニシアティブ（ＴＰＩ）

これらの団体・行動・イニシアティブのうち、もっぱら情報開示を主とするＧＲＩ、ＣＤＰ、ＣＤＳＢ、ＩＩＲＣ、ＳＡＳＢ、それに国際標準化機構（ＩＳＯ）を加えた6団体は、財務情報基準を担当する国際会計基準審議会（ＩＡＳＢ）と米国連邦会計基準審議会（ＦＡＳＢ：オブザーバー）との間で、「Corporate Reporting Dialogue（ＣＲＤ）」という組織を設けている。ＣＲＤは自主的な各開示フレームワーク・基準の整合性を図ることを目的として、２０１４年に立ち上がった。

ＣＲＤ事務局を統合報告のＩＩＲＣが担当しており、設立時の趣旨は、当時まだ姿を表していないＴＣＦＤとの整合性ではなく、財務・非財務の情報開示の統合化を目指していたと思われる。だが、ＴＣＦＤ以来、焦点は各非財務情報フレームワークの共通化とＴＣＦＤ提言との整合化に絞られている。２０１８年からは各フレームワークと、ＴＣＦＤとの整合性を評価する「Better Alignment Project（ＢＡＰ）」の作業を続けている。

しかし、各団体はそれぞれ自分たちのフレームワークへの自信と愛着、さらにはビジネス利害が絡んでおり、おいそれとＴＣＦＤに身をあわせるわけにはいかない事情を共有する。２０１９年９月に公表されたレポート（注22）では、①ＴＣＦＤが効率的な情報開示のために示す7原則と、いずれのＣＲＤ機関のフレームワークも調和がとれ、補完的で、矛盾はない、②各機関はＴＣＦＤが推奨する11の具体的な情報開示案と十分に整合している、③ＣＤＰ、ＧＲＩ、ＳＡＳＢの３機関はＴＣＦＤが示す50の測定基準のほぼ80％をすべてか、あるいはかなりカバーしている、④ＣＤＰ等３機関の指標は、ＴＣＦＤの測定基準と70％は本質的に変わらない――とした。

ＴＣＦＤと各フレームワークとの整合性を強調する半面、各フレームワークを国際的な非財務情報開示基準（International Non-financial Reporting Standards：INFRS）として一本化することへの姿勢は示していない。それぞれの団体の「組織防衛」が前面に出た対応に、財務基準団体のＩＡＳＢ議長のハンス・フーガーホースト（Hans Hoogervorst）が、「財務情報の基準は、ＩＡＳＢとＦＡＳＢの2団体が共通化を進めている。それなのに、非財務情報については5団体にも分かれ、しかも共通化が一向にできないのはなぜなんだ」と怒りを露わにする場面もあったとされる（注23）。

ＩＡＳＢ／ＩＦＲＳはＭＣからＳＳＢへ

ＩＦＲＳ財団のＩＡＳＢ自体は財務情報報告書の補完となる「Management Commentary Statement Practice（経営者による解説：ＭＣ）」の改革を進めている。２０１９年末に示されたＩＡＳＢのＭＣ改革案では、気候変動関連情報を含むＥＳＧ情報を無形資産(Intangible Assets）の一部としてＭＣで開示する考えを公表している（注24）。

ＭＣで開示するＥＳＧ情報は、ＭＣの本来の目的を確保するため、主要なユーザーが必要な情報にフォーカスすることが重要、と指摘している。「主要なユーザー」が誰かは言及していないが、企業にとっては、投資家、金融機関、取引先等を想定するとみられる。そのうえで、他のステークホルダーのニーズに応じた追加的な情報は、別のチャネルで提供されることも可能、としている。

これは、財務、企業価値に影響を及ぼす可能性のあるＥＳＧ情報は財務報告書を補完するＭＣで開示する一方、その他のＥＳＧ情報については、ＣＳＲ報告書、サステナブル報告書等の非財務報告書で開示するかたちに、整理する考えと思われる。ＥＳＧ情報の独自のリストアップはせず、企業が自らの判断で重要性の高いＥＳＧ情報を選別開示することを推奨したうえで、開示に際しては、ＴＣＦＤやサステナビリティ会計基準審議会（ＳＡＳＢ）の手法を例示している。

ただ、ＩＮＦＲＳの実現にはＩＡＳＤも他の非財務情報団体と同様、消極的とみられてきた。ＩＡＳＢを統括するＩＦＲＳ財団は、米国の連邦会計基準審議会（ＦＡＳＢ）や証券取引委員会（ＳＥＣ）とは異なり、財務情報と非財務情報を別建てにしたうえで、それぞれの主要項目を統合する統合報告書を推進してきた。後述するように、米国ではＳＥＣの財務報告書のなかに非財務要因の記載項目が設定されている。財務報告のなかで企業価値に影響を及ぼす主要な非財務要因を「統合」するか、財務報告書と非財務報告書から主要情報を別建てで統合するかの選択でもある。

各自主開示団体のすくみ合い状態を打破するかたちで、２０２０年9月末、ＩＦＲＳはさらに一歩踏み出した。サステナビリティ情報開示の基準化を自ら手がける意思を示したコンサルテーションペーパーを公開したのだ（注25）。示された非財務情報開示ルール化の選択肢は、①現状維持、②各団体の共通化促進、③これまでの各団体の活動をふまえてＩＦＲＳが非財務情報開示の基準づくりを担う「サステナブル基準審議会（ＳＳＢ）」をつくる、という3案だ。

ＩＦＲＳが推奨するのは、③のＳＳＢ案である。ＳＳＢが、米国のように企業の財務報告書のなかでの非財務情報開示を推奨するかたちとなるかどうかは現時点では不明だ。しかし、それまでのMCでの気候リスク開示の路線からステップアップを目指すものである可能性は高い。従来の財務・非財務の統合報告書型を継承し、強化するのか、あるいは米国SEC型の財務報告内に主要非財務情報開示を取り込む「内部統合型」へ切り替えるのか。この点は、会計基準機関の基本スタンスの取扱いにも絡むほか、各国の利害、これまで非財務情報開示を自主的に展開してきた各団体の利害、非財務情報を開示する企業のビジネス戦略等が微妙に絡み合うだけに要注目だ。

非財務情報開示制度の強化

非財務情報開示をどう進めていくか、というテーマは、気候関連情報にフォーカスしたTCFDとの関係にとどまらず、ESG全体の情報開示のあり方にかかわるものだ。EUではすでに、2014年に「EU新会社法指令2013」を一部改正した非財務情報開示指令（NFRD）を制定している。従業員500人を超える社会的影響度の高い企業（上場企業、銀行や保険会社）に対して、環境、社会、従業員、腐敗防止、贈収賄防止の各分野についての事業対応やリスク等の開示を求める内容だ。

EUの指令は、指令に基づいて各国が国内法制等を整備する手順だ。本来は2017年までにそうした国内制度の整備が進み、各国企業はGRI等の自主的なフレームワークを活用して情報開示に取り組んでいるはずだった。だが、現実はそうはなっていない。どこの国も本音と建前、それに優先順位があるわけだ。２０１９年12月に正式に発足したフォンデアライエン率いる欧州委員会は、ＴＣＦＤによる気候情報開示の提案をふまえて、非財務情報全体の開示を促進するため、現行の指令から、ＥＵ全体に一律の開示基準を適用する規制に切り替える方針を示している。２０２１年中の規制化が見込まれている。

第２章でみたように、欧州資本市場同盟（ＣＭＵ）の担当欧州委員を英国のジョナサン・ヒルから引き継いだ副委員長のヴァルディス・ドンブロウスキスが、フォンデアライエン体制でも、引き続きこの分野の担当だ。ドンブロウスキスはＮＦＲＤ改正案を「欧州非財務情報開示基準（ＥＮＦＲＳ）」に格上げし、欧州グリーンディール（ＥＧＤ）の基盤整備策とする考えを示している。

本書執筆時点では、改正案の選択肢は、①現行の企業の自主性に委ねたＮＦＲＤアプローチの踏襲、②将来の基準化を進め、企業の判断によって自主的なガイドライン化も併用する、③ＮＦＲＤの項目の明確化と強化（規則化）の３つが示されている（注26）。欧州委員会はこのうち、③案を目指している。同案では、具体的な開示項目として、①企業が開示すべき非財務情報の詳細を特定、②非財務情報開示をすべき対象企業を特定（あるいはすべてとする）、③対象企業のカテゴリーを明確化するか、除外規定を設ける、④非財務情報が開示される報告書内での共通項目の確定、などを列記している。

自主的非財務情報開示団体の動き

ＴＣＦＤに続くＮＦＲＤ改正による非財務情報開示の制度化が進むと、民間の自主的開示フレームワークの存在意義はさらに薄くなるように映る。だが、どっこい、各団体ともしたたかな展開を進めている。

現在、グローバルレベルで多くの企業が、包括的な非財務情報開示の国際基準として活用しているのがＧＲＩ。１９９７年に米国環境ＮＧＯのセレス（Ceres）等によって設立された歴史をもつ。１９９９年に最初のサステナビリティ・レポーティング・ガイドライン原案を公表して以来、改定を重ねてきた。２０１６年発行の現行の第5版からは、「ＧＲＩスタンダード２０１６」となっている。非財務情報開示のベンチマークである。ＧＲＩは無料で利用できる国際公共財だ。利用企業は公表されたスタンダードから自社の環境・社会活動を評価するための指標・項目を採用し、開示する。

そのスコープは、ＥＳＧではなく、経済、環境、社会というトリプルボトムラインの視点である点も興味深い。２００２年にオランダ・アムステルダムに移転して以来、欧州のＮＰＯとしての印象が強いが、グローバルＮＰＯであり、ＵＮＥＰの公認団体でもある。

２０２０年7月。ＧＲＩは、米国のサステナビリティ会計基準審議会（ＳＡＳＢ）との連携を打ち出した。双方の開示基準の共通化、連携を進める内容だ。それぞれの基準の利用者向けに、両基準の読替えや共通化を理解するための情報手段を提供する。どちらかの基準に収斂させるのではなく、両基準の併用を目指すという。先にみたＣＲＤでの調整を、両者間で試みる格好だ。

非財務情報全般のグローバル・ベンチマークとしてのＧＲＩと、セクター・業種別のＥＳＧ情報開示アプローチを整理したＳＡＳＢとの間ならば、双方の利害の対立は少なく、むしろお互いに補完し合える点が連携の最大理由だろう。

さらにＳＡＳＢは動いた。２０２０年11月に、国際統合報告評議会（ＩＩＲＣ）と統合し、２０２１年半ばには、「バリュー・レポーティング財団（Value Reporting Foundation：VRF）」を設立すると発表した（注27）。このＳＡＳＢとＩＩＲＣとの統合は、ＳＡＳＢとＧＲＩの連携を超え、組織統合に踏み切るもので、非財務報告書開示団体に与える影響は大きい。新設されるＶＲＦは、非財務分野の情報開示手法を統合化する中心的役割を担うことになりそうだ。

ＶＲＦはロンドンとＳＡＳＢの拠点であるサンフランシスコの両方に本拠地を置く見通しだ。ＣＥＯには現在のＳＡＳＢのＣＥＯのジャニーン・ギロット（Janine Guillot）が就任する予定。ＶＲＦ理事会にはＴＣＦＤを実質的に取り仕切った元ＳＥＣ委員長のメアリー・シャピロもＳＡＳＢ側の副議長として名を連ねる予定だ。ＳＡＳＢはセクター・業種ごとに非財務情報の重要な開示項目を整備している。一方のＩＩＲＣは財務・非財務報告の統合化を推進してきた。両者の開示手法には重複感が比較的少なく、「補完的」な要素が強いとされる。米国のSASBがGRIとの連携に続いて、IIRCとの統合に手を打った素早さは、米国ウォールストリートの「本気度」を映しているとの見方もできそうだ。

スタートアップNPOだった

SASBは、2018年11月に11産業77業種の非財務情報の開示項目と、開示の方法論を公表した。企業、会計、開示専門家等がボランティアで参加して6年がかりで各セクターの基準を網羅した。筆者も金融セクター等のワーキンググループに参加、欧米での基準づくりのプロセスを学ぶとともに、成果物へも多少の貢献をしたつもりだ。

SASBはサンフランシスコでコンサルタントをしていたジーン・ロジャース（Jean Rogers）が2011年に立ち上げたNPOである。前述したように、米国ではIASBとは異なり、SECの財務報告基準のなかに、非財務情報を開示するための規則S－Kの規定がある。「事業の説明（Item101）」で、環境関連法令の遵守状況や環境関連支出の収益等への影響の開示、「法的手続（Item103）」で環境関連訴訟に関する開示、「リスク要因（Item503）」の開示等を求めている。

ただ、SECの基準には、そうした項目に該当する情報を記載するための方法論が定められていない。そのため、多くの企業がＳ－Ｋ開示に踏み切っていないのが実態だ。ロジャースは「ＳＥＣが（方法論を）示さないのなら、自分たちでつくろう」と、自宅を拠点にしてＳＡＳＢを結成した。ロジャースとその仲間の呼びかけで各方面の専門家ら合計２８００人以上が参加し、手作業で全セクターを網羅するフレームワークを築き上げた。

コツコツと課題を克服していっただけではない。２０１４年には理事会議長に、前述のマイケル・ブルームバーグを、副議長にメアリー・シャピロを迎えた。ともに先にみたＴＣＦＤの「実権派」である。またＦＡＳＢの元議長らも招聘した。明確な目標の設定と、それを実現するための人脈にも配意する。ＳＡＳＢの展開も、米国経営論のケーススタディの対象になりそうだ。

ところが、そのロジャースは２０１８年４月、ＳＡＳＢ基準の完成の直前で突然、退任した。スタートアップＮＰＯのイグジット（投資回収）だったのか。経緯は不明だが、組織の運営はブルームバーグがＳＡＳＢに参加して以来、切り盛りしており、ロジャースは退任後の運営も同社に委ねたかたちとなった。ＳＡＳＢを仕上げたロジャースはその後も非財務分野の活動を続けている。最近ではスタートアップ企業の長期支援を進めるロングターム証券取引所（ＬＴＳＥ）の最高レジリエンス責任者（ＣＲＯ）を務めている。

ＳＡＳＢ自体は次のステップを目指している。そもそもはロジャースが発想したように、ＳＥＣの非財務情報開示の「空白部分」を埋めるのが目的だった。視点は米国企業の財務・非財務の情報統合にある。だが、ＧＲＩとの連携に続いてＩＩＲＣとの統合に踏み切るとともに、ＳＡＳＢ自体、基準のグローバル化作業を進めている。セクター別アプローチを主要地域・国ごとに展開するねらいだ。各国の法制度、ビジネス慣行、企業系列等、多様な相違点があるが、セクターごとの類似点もある。「ＶＲＦ」に転じるＳＡＳＢはＴＣＦＤを超え、ＧＲＩをも超える可能性がある。

ＣＤＰ等の動き

ＣＤＰは、旧名のカーボン・ディスクロージャー・プロジェクトが示すように、投資家のかわりに、投資先となる企業や組織のCO_2排出量や気候関連のリスクマネジメント等の情報開示を求める活動だ。第2章でみたように、２０００年にテッサ・テナントや、後に会長となるポール・ディケンソン（Paul Dickinson）らが設立した。ＰＲＩと並ぶ英非営利団体の成功事例の1つだ。ＣＤＰはＧＲＩの開示手法をモデルにしながら、企業に環境分野ごとの情報を求める質問状を送付し、得たデータをスコア化する手法を開発した。

回答内容に応じて企業に付与されるスコアは、ＡからＤマイナスまで8段階で格付される。最上位の「Ａリスト」に分類された企業は、気候変動対策の「優等生」として胸を張ることができる。情報開示プラス改善インセンティブを付与する非営利ビジネスモデルだ。実際、Ａリスト入りを競って、気候取組みの改善を目指す日本企業も少なくない。

CDPは同手法による開示対象分野を気候変動（カーボン）から、水、森林、サプライチェーン、都市などへと次々と展開している。だが、軸はやはり気候情報開示にある。ただ、CDPの手法は質問状を送って得た情報の分析なので、「第三者による検証」プロセスを欠くほか、回答したくない企業の情報は得られない等の「自主性」ゆえの課題がある。そこに、TCFD提言をふまえた金融監督当局による開示ルールが登場したわけだ。

財務報告書での気候情報開示のフレームワーク活動を展開しているCDSBも同様だ。CDSBは気候変動報告フレームワーク（CDSB Climate Change Reporting Framework：CCRF）を設定、GHGの排出量だけでなく、組織の戦略分析、リスク、ガバナンス等も開示の必要項目として整備している。企業活動に伴って排出されるGHGの影響を把握し、評価し、開示するという作業は、民間がやろうと当局がやろうと手順はほぼ同じ。

違いは、当局が関与する場合、政策と連動する点だ。気候リスクの場合は金融当局の監督行政に盛り込まれる。したがって、企業や金融機関は、政策当局の動きに身をあわせざるをえない。実はCDSBにはCDPが立ち上げにかかわっており、現在も事務局機能はCDPが代行しているという関係にある。

CDPは、立ちはだかるかたちのTCFDのカベを取り込んだ積極的な展開を進めている。パリ協定でのTCFD宣言をふまえたかたちで、国連グローバルコンパクトや、世界資源研究所（WRI）、世界自然保護基金（WWF）等と共同で立ち上げたサイエンスベースド・ターゲッツ・イニシアティブ（SBTi）がそれだ。協定が設定する「1・5度C目標」「2度C目標」と整合する企業の目標設定を精査し、科学的知見と整合性をもたせることを支援し、それらの「SBT」を達成した企業を認定する仕組みだ。

最近の参加企業の間では、CDPの「Aリスト」よりも「SBT認定」を重視する動きになりつつあるという。先に指摘した「よりハードルの高い基準をクリアする競争上のメリット」が生じているかたちだ。企業にとってはSBT認定の内容がTCFD提言への適合と重複するところが多いので、SBT取組みイコールTCFD対応と評価する向きが増えているという。SBTiがSASBのようにセクター別アプローチを採用している点も、画一性を嫌う産業・企業にとっては取り組みやすいメリットがあるようだ。

SASBとの統合を決めた国際統合報告評議会（IIRC）は、同じ英非営利団体だが、監査法人・会計士業界が主導権を握る点で、CDP等とは色合いが異なる。IIRCは財務報告と非財務報告の統合化を図ることを目指して英国チャールズ皇太子が進めていた社会貢献活動の1つ、「The Prince's Accounting for Sustainability Project」やGRI、国際会計士協会（IFAC）などが2009年に国際統合報告委員会（International Integrated Reporting Committee：IIRC）を設立。その後、2011年に現行の国際統合報告評議会に改名された。設立に際しては、コーポレートガバナンスの権威で、南アフリカの最高裁判事を務めた経験もあるマービン・キング（Marvyn E King）の貢献が大きかったとされる。キングは1990年代から同国のコーポレートガバナンス委員会を主導、「キングレポート」の発行で知られる。IIRC会長やGRI会長も歴任した。

IIRCは組織固有の価値創造のあり方を検討するための概念として、財務資本、製造資本、知的資本、人的資本、社会・関係資本、自然資本の「6つの資本」概念を示している。財務資本や製造資本等の経済的資本はその1つにすぎないとの視点だ。

TCFDは現在のところ、気候リスクをどの報告書で開示するかは明記していない。NGFSが開発するシナリオ分析による推計結果等も財務報告書への開示か、統合報告書か、サステナビリティ報告書かは、明確には示されていない。しかし、気候リスク情報開示の義務化の流れが強まると、それらの情報開示の「場」もおのずと定まるだろう。

（注1） Mark Carney, speech, "Breaking the Tragedy of Horizon – climate change and financial stability", 20 Sept 2015
https://www.bankofengland.co.uk/-/media/boe/files/speech/2015/breaking-the-tragedy-of-the-horizon-climate-change-and-financial-stability.pdf?la=en&hash=7C67E785651862457D99511147C7424FF5EA0C1A

（注2） Garrett Hardin, "Tragedy of the Commons", Dec 1968
https://science.sciencemag.org/content/162/3859/1243

（注3） 岩井浩一「カナダの金融監督制度の概要　グローバル金融危機を乗り切った背景を中心に」金融庁金融研究センター、2013年6月

https://www.fsa.go.jp/frtc/seika/discussion/2013/04.pdf
（注4） Securities and Exchange Commission, Feb 2010
https://www.sec.gov/rules/interp/2010/33-9106.pdf
（注5） Task Force on Climate-related Financial Disclosures, "2020 Status Report", Oct 2020
https://assets.bbhub.io/company/sites/60/2020/09/2020-TCFD_Status-Report.pdf
（注6） Recommendations of the Task Force on Climate-Related financial Disclosure
https://www.fsb-tcfd.org/wp-content/uploads/2017/06/FINAL-2017-TCFD-Report-11052018.pdf
（注7） 環境金融研究機構、２０２０年11月10日
https://rief-jp.org/ct4/108132
（注8） 藤井良広『環境金融論』（青土社、２０１３年）
（注9） NGFS, "NGFS Climate scenarios for central banks and supervisors", June 2020
https://www.ngfs.net/sites/default/files/medias/documents/ngfs_climate_scenarios_final.pdf
（注10） NGFS, "Guide to climate scenario analysis for central banks and supervisors", June 2020
https://www.ngfs.net/sites/default/files/medias/documents/ngfs_guide_scenario_analysis_final.pdf
（注11） 三井住友フィナンシャルグループ「気候変動への対応（ＴＣＦＤ提言への取組）」
https://www.smfg.co.jp/sustainability/materiality/environment/climate/
（注12） みずほフィナンシャルグループ「ＴＣＦＤレポート２０２０」
https://www.mizuho-fg.co.jp/csr/mizuhocsr/report/pdf/tcfd_report.pdf
（注13） 三菱ＵＦＪフィナンシャル・グループ「ＭＵＦＧサステナビリティレポート２０２０」

２０２０年10月
https://www.mufg.jp/dam/csr/report/2020/ja_all.pdf

（注14）ＴＣＦＤコンソーシアムの活動指針に関する宣言
https://tcfd-consortium.jp/pdf/common/sengen.pdf

（注15）PCAF, "Public Consultation on the draft Global Carbon Accounting Standard for the financial industry"
https://carbonaccountingfinancials.com/consultation-signup

（注16）藤井良広『金融で解く地球環境』（岩波書店、２００５年）

（注17）Trinomics, "Private Climate Finance Report 2017"
https://trinomics.eu/wp-content/uploads/2018/06/Private-Climate-Finance-Report-2017.pdf

（注18）TSVCM
https://www.iif.com/tsvcm

（注19）European Banking Federation, "Towards A Green Finance Framework", Sept 2017
https://www.ebf.eu/wp-content/uploads/2017/09/Green-finance-complete.pdf

（注20）2° Investing Initiative, "The Green Supporting Factor", Apr 2018
https://2degrees-investing.org/wp-content/uploads/2018/04/The-Green-Supporting-Factor.pdf

（注21）環境金融研究機構、２０１８年３月2日
https://rief-jp.org/ct6/77566

（注22）Corporate Reporting Dialogue, "Driving Alignment in Climate-related Reporting", Sept 2019
https://corporatereportingdialogue.com/wp-content/uploads/2019/09/CRD_BAP_Report_2019.pdf

（注23）　環境金融研究機構、２０１９年10月１日
https://rief-jp.org/ct6/94503

（注24）　同、２０１９年12月23日
https://rief-jp.org/ct4/97467

（注25）　IFRS Foundation “Consultation Paper on Sustainability Reporting”, Sept 2020
https://cdn.ifrs.org/-/media/project/sustainability-reporting/consultation-paper-on-sustainability-reporting.pdf?la=en

（注26）　環境金融研究機構、２０２０年２月19日
https://rief-jp.org/ct4/99380

（注27）　SASB Press Release, “IIRC and SASB announce intent to merge in major step towards simplifying the corporate reporting system”, 25 Nov 2020

第4章

「グリーン」を売りまくれ

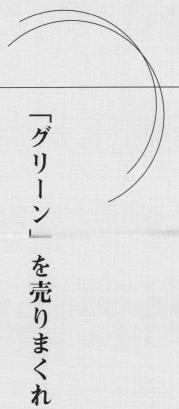

グリーンボンドへの道

２０１６年７月初旬。韓国ソウルの北西に位置するコヤン市（高陽）の広大な開発地区に立つ見本市会場（ＫＩＮＴＥＸ）。同地で開いた国際会議に出席した。会議の最終日、筆者は「日本でのグリーンファイナンスの取組みと課題」と題して報告した。

分科会の会場の参加者は、自分のテーマの報告のために内外から集まった研究者とその関係者、さらに学生たちが少しいるくらいで、盛り上がりに欠ける雰囲気だった。筆者の報告にもほとんど手応えはなかった。だが、１人、質問の手があがった。

右目に黒い眼帯をし、スキンヘッドでちょっと怖そうな印象の年配者。筆者はグリーンファイナンスの代表商品としてグリーンボンドを紹介し、グローバル市場で同ボンドが急成長している背景と、日本市場ではなぜか普及が十分に進まない事情を説明した。筆者の説明に対して、同氏は、グリーンボンドは通常の社債とどこがどう違うのか、グリーン投資を促進する効果は、等の質問を投げかけてくれた。

筆者の返答に納得したかどうか。分科会での筆者の報告と入れ替わるようにして、同氏も自らの発表を行った。テーマは「ＩＳＯ１４０６４―Part3による温室効果ガス（ＧＨＧ）の評価」。ＩＳＯ１４０６４は、企業やプロジェクトからのＧＨＧの排出量、削減量を算定・報告・検証する国際標準の要求事項をまとめた基準だ。Part3はそうした算定値の妥当性の確認（Validation）と検証（Verification）を定めている。当時、筆者は大学での授業で、ＩＳＯの枠組みを何度か取り上げた経緯があった。その教材の1つがＩＳＯ１４０６４でもあった。実は、同氏はそのＩＳＯ１４０６４を手がけた人物だった。ジョン・シェデラー（John Shideler）。米国の温暖化コンサルタント会社の代表で、米国のＩＳＯ規格団体の米国国家規格協会（American National Standards Institute：ANSI）のメンバーでもある。興味が湧いた筆者も同氏の報告内容にいくつか質問した。企業が排出・削減するＧＨＧの評価基準と、企業がＧＨＧ等削減のための事業に資金を充当するグリーンボンドとのつながりを実感したような気がした。後にみるように、同氏とのつながりも、この時にできたのである。

国際公的金融機関が先行

グリーンボンドは、サステナブルファイナンス市場をけん引する主要金融商品である。同ボンドについては、すでにその時点で、2つの国際的な市場基準が知られていた。第2章でみたように、２０１０年にショーン・キドニーらが立ち上げた英国のＣＢＩは、Climate Bonds Standard（ＣＢＳ）を公表し、市場での気候ボンド（グリーンボンド）の認証・普及を図っていた。もう1つは２０１４年1月に登場した国際資本市場協会（ＩＣＭＡ）が管理するグリーンボンド原則（ＧＢＰ）だ。

ともに現在も市場の自主基準として活用されている。グリーンな事業を特定し、発行したボンドの資金使途を、特定した事業に絞り込むことで、資金使途の「グリーン性」を明確にする。一般のボンド（社債）が発行企業の一般的な資金需要に充当されるのとは異なり、グリーンボンドの資金使途は特定のグリーン事業に使われる。投資家へのキャッシュフローは、発行企業が一般収益から支払うが、対象事業を投資家に事前に示す点で、一種のプロジェクトボンドともいえる。

グリーンボンド自体は第1章でみたように、欧州投資銀行（ＥＩＢ）や世界銀行（ＩＢＲＤ）などの発行が先行した。世銀はグリーンボンド発行に際して、投資家に「グリーン性」をみせるための4つのプロセスを整備した。①プロジェクト選定基準の決定、②プロジェクト選定プロセスの確立、③資金の分別管理、④モニタリングと報告、である。これらは、その後、ＩＣＭＡのＧＢＰの土台になる。

世銀のグリーンボンド発行には北欧勢の貢献が大きい。前述のように、スウェーデンの年金基金等が買い手として名乗りを上げ、ボンドの設定は同国の主要銀行スカンジナビア・エンスキルダ銀行（ＳＥＢ）がアレンジした。また世銀が設定した4つの「グリーンプロセス」の選定基準の決定にはノルウェーのＣＩＣＥＲＯが第三者レビューで妥当性評価を付与している。

グリーン売出債を支えた日本の個人投資家

ＳＲＩ投資やサステナビリティ評価で先行していた北欧勢が世銀の取組みを支えた一方で、世銀等の国際公的金融機関が発行するグリーンボンドの買い手として「日本の個人投資家」の存在があったことも見逃せない。国際公的金融機関がグリーンボンドを発行すると、しばらくして日本では証券会社が顧客投資家向けにそれを「売出債」として販売し、完売を続けたのである。

売出債は既発行の債券をまとめて販売することをいう。当時（いまもだが）、日本の金利は超低金利で債券投資の魅力は低かった。ただ、そのなかで資金使途がグリーンであることと、発行体が世銀等の国際公的金融機関でリスクが小さいという点が、日本の個人投資家から評価された。「どうせ金利は無いに等しいなら、環境にプラスになり、破綻リスクの少ない安全債券に投資しようか」との判断だったかもしれない。世銀等の間では、グリーンボンドを積極的に買ってくれる日本の個人投資家向けの「ウリダシ（Uridashi）」は、国際語になっていた。

２０１０年には、日興アセットマネジメント（当時）が個人投資家向け投資信託の「世界銀行グリーンファンド」を組成した。世銀のグリーンボンドのみで運用する投信だ。日本の金融機関も、この段階ではグリーンファイナンスの先頭グループにいたのだ。ただ、国際公的金融機関中心のグリーンボンド発行市場は、2012年まで伸び悩みを続ける。世銀等の公的金融機関がグリーン事業にファイナンスをするのは、公共投資としての取組みである。日本の個人投資家を含む投資家たちは、世銀等が発行するグリーンボンドの使途先を見つめる。だが、第1章でみたように、仕組み上は、それらの個人投資家の投資資金は直接、グリーン事業のファイナンスに回るのではない。発行体である世銀等の公的機関の資金繰りへの投資となる。

ウォールストリートのサステナビリティ派たち

グリーンボンド市場の流れが変わり始めたのが、2013年だ。それまで年平均10億～20億ドルの発行額（2010年は37億ドル）だったのが、2013年は110億ドルと前年比5・5倍増にふくらんだ。これを受けて、CBIのブリジット・ボウル（Bridget Boulle）は2013年の総括記事のタイトルを「The Dawn of an Age of Green Bonds?（グリーンボンド時代の夜明けか？）」と題した（注1）。実際に同年に夜は明けた。

市場は探し求めていたものを、その頃にようやく見つけるのである。正確にいうと、ウォールストリートの金融人たちが「グリーンファイナンス商品」をつくりだしたのだ。それは「使い勝手のいいグリーンボンド」の評価基準としてのグリーンボンド原則（GBP）である。

2013年4月、ロンドンで開かれた環境金融関係のセミナーでのこと。出席した米シティグループ（Citi）のマイケル・エクハート（Michael Eckhart）と、バンクオブアメリカ・メリルリンチ（BAML）のスザンヌ・ブシャタ（Suzanne Buchta）との議論は熱を帯びて高まった。グリーンボンドを普及させるには、どんな市場基準が望ましいか——。

2人の議論はニューヨークに戻ってからも続いた。さらに、サステナビリティに関心をもつウォールストリートの他の金融人を巻き込んで広がっていったという。エクハートによると「9月までに50回ドラフトを書き換えた」（注2）。そして10月には4銀行の代表がドラフト委員会を立ち上げた。

集まったのは、エクハートとブシャタのほか、仏クレディアグリコルのタンギー・クラキン（Tanguy Claquin）、JPモルガンのマリリン・セシ（Marilyn Ceci）。いずれも、各行のサステナブルファイナンスの論客であり、その後のグリーンボンド市場をけん引していく金融人たちだ。リーマンショックの傷跡がまだ残るウォールストリートには、久々に新たな市場をつくりだす活気が満ち溢れていた。

年を越した2014年1月。4行を含め、日頃は競い合う13の大手銀行のサステナビリティ派の専門家が、声をそろえてグリーンボンド原則（GBP）を宣言した。基準の中立性を担保するため、GBPは国際資本市場の参加者（金融機関）の自主的団体である国際資本市場協会（ICMA）が管理することになった。その後、ICMAはGBPに加え

図表４－１ グローバル市場でのグリーンボンドの発行推移

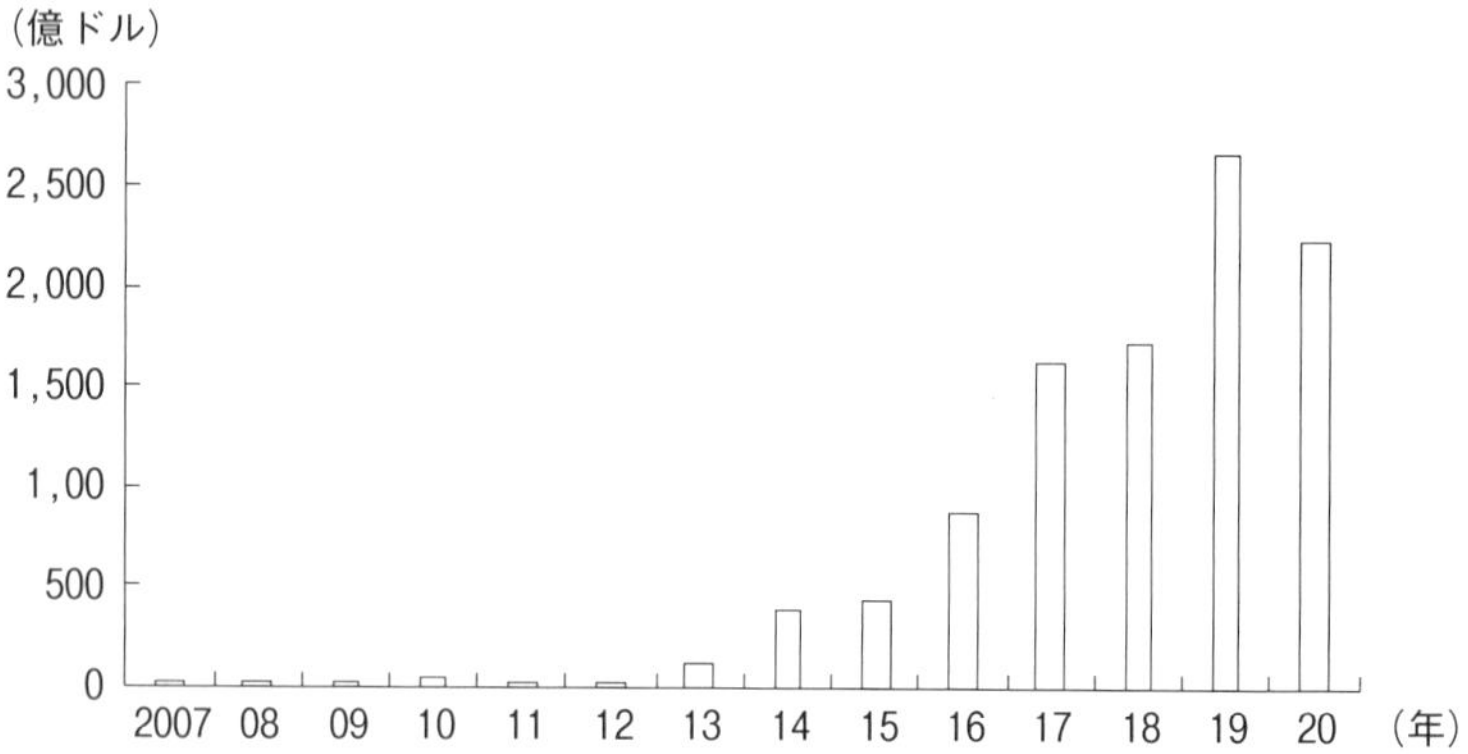

（出所） 英Climate Bonds Initiativeのデータより

て、ソーシャルボンド、サステナビリティボンド、サステナビリティ・リンクボンド等と、市場で広がるサステナブルファイナンスの主要金融商品の基準設定の場となっていく。

　ウォールストリートのサステナビリティ派の金融人たちは、基準を手づくりしただけではない。それまで国際公的金融機関や自治体等、公的機関による発行ばかりだったグリーンボンド市場に、民間機関の発行を誘導した。２０１３年中に３件の民間発行グリーンボンドが登場した。フランスの電力会社ＥＤＦ、スウェーデンの不動産会社のVasa-kronan、そしてＢＡＭＬ自身も発行体になった。彼らは議論を重ねながら、ビジネスも進めていた。発行額はその後、着実に上昇気流をたどっていった。

ＧＢＰとＣＢＩの共存

グリーンボンドの基準としては、ＧＢＰよりもＣＢＩが先行して世に登場していた。ＣＢＩは２０１０年12月に、自らの気候ファイナンスの独自基準であるＣＢＳＶ１・０を開発していた。ＣＢＳはその後バージョンアップされ、現在は２０１９年12月に公表されたＣＢＳＶ３・０に進化している。ＣＢＩは基準に加え、太陽光や風力、農業等のセクター別のクライテリアも専門家チームを設けて整備している。18のセクターのうち13を開発ずみ（２０２０年12月時点）だ。

ＣＢＩは、自らの基準と精緻なクライテリアをふまえ、発行体による基準への適合性を承認するプロセスも設けている。適合性を評価する評価機関には、ＣＢＩ自身が認証を与える仕組みだ。ボンドの「グリーン性」をしっかりと確認するために、周到に用意された認証構造である。ただ、ＣＢＩ認証第１号のボンドは、市場が胎動を始めた２０１３年には現れず、ようやく登場したのはＧＢＰに遅れること１年以上後の２０１４年10月。それも英国の太陽光発電会社が発行した４６０万ポンド（約６億５０００万円）のミニ私募債だった。立ち上がりの苦戦ぶりがうかがえる。

ＣＢＩの基準は当初、「精緻」過ぎて、自信をもって取り組む発行体が現れなかったというのが正直なところではなかったかと思われる。これに対してＧＢＰはきわめてシンプルだ。基本は4原則からなる。①調達資金の使途、②プロジェクトの評価と選定のプロセス、③調達資金の管理、④レポーティング、である。この4原則は先に世銀が設定した4原則とほぼ同じ。表現が微妙に異なるのは①だ。世銀の場合、「プロジェクト選定基準の決定」だが、GBPは「調達資金の使途（Use of Proceeds：UoP）」になっている。

その使途先として5つの環境目的（気候変動の緩和、気候変動への適応、自然資源の保全、生物多様性の保全、汚染防止および管理）に沿った「適格なグリーンプロジェクトの事業区分」をリスト化している（注3）。UoPの事業がリストに適合していれば、それで「グリーン性」は確保される。つまり、GBPは世銀モデルよりもさらにわかりやすいのだ。実はGBPの成立には世銀も積極的に加わっている。ウォールストリートの「サステナビリティ派」は、基本のアイデアを世銀から拝借しつつ、より市場参加者が取り組みやすい基準に衣替えしたわけだ。市場派とビジネス派が協働したかたちだ。

「グリーン性」の評価も容易に

金融のプロたちは、「使い勝手のいい基準」がリーマンもどきの「グリーンウォッシュ」につながらない工夫も凝らした。それが「セカンド・パーティ・オピニオン（SPO）」と呼ぶ外部評価の採用だった。個々のグリーンボンドのグリーン性の確認と、GBP基準への適合性について、発行体（ファースト・パーティ）による説明とは別に、第三者機関が発行体の報告内容を評価し、GBPに適合するかどうかを検証する外部評価の付与である。

この外部評価は、特定の資格条件を満たさなくても、たとえばESG評価業務等に精通していれば、検証・評価はできるという手軽さだ。そこでESG評価機関等が競って参入し、発行が見込めそうな企業・組織に対して、投資銀行や証券会社等と一緒になって、「グリーンボンドを発行しませんか」と声をかけて回る動きが広がった。投資家の側も、責任投資原則（PRI）への署名機関が着実に増えるとともに、同原則に見合ったESG投資先を増やそうというところが増えていた。そこに、投資判断に資する「グリーン性」の基準が市場で生まれたことで、ビジネスの胎動が始まったのである。

一方、GBPによる市場拡大は、発行体、投資家の双方に変化ももたらした。発行体のなかには、グリーン性を市場で一段と高く評価されるボンドを発行したいとのニーズも出てきたのである。「並のグリーン」ではなく「真のグリーン」と認められたい、との思いだ。また投資家の間でも北欧系を中心にボンドの「グリーンの色合い」を吟味する向きが増えていった。世銀のグリーンボンドの4つの「グリーン・プロセス」の評価を担ったノルウェーのCICEROは、「Shade of Green」として3段階のグリーン性で評価する手法を開発した。「よりグリーンなボンド」を選択する投資家、あるいは「ほどほどのグリーンでもいい」という投資家等、多様なニーズに対応する評価を開発した。

グリーンボンド市場の拡大につれ、同一の発行体が複数回の発行を重ねるようになってくると、「次はグリーン性をもっと高めたボンドを発行したい」といった思いから、CBI認証を目指す動きが広がってきた。CBIに一種の「プレミアム感」が出てきたのだ。日本でもCBI認証を選定する企業が一定割合で存在する。

グリーンボンドのアイデアは世銀やEIB等が出発点となった。だが、市場拡大のきっかけは、市場が共通に活用できる基準としてのGBPの設定であったことは間違いないだろう。ウォールストリートの金融人たちが「グリーンの共通基準」を自らの手でつくりあげたのは、ある意味では、その数年前に起きたウォールストリートに大きな汚点を印したリーマンショックの反省、反動だったのかもしれない。もちろん、ウォールストリートが反省だけにとどまっているわけはない。グリーンファイナンスに市場としての魅力があるとわかると、ビジネス派が台頭してくるのは当然の流れでもある。

ただ、「使い勝手のいい基準」は発行体には望ましいが、投資家にとっては必ずしもそうではない。GBPの最大の利点は、シンプルな4要素の手順に加えて、対象となるグリーン事業をリスト化（2018年版では10事業区分）したことだった。リストの区分のどれかに合致すれば「グリーン性はOK」という手軽さは発行体に評価された。

だが、「グリーンウォッシュ」のリスクを避け、より「グリーンな投資資産」の積上げを目指す投資家の視点は、10の事業区分では物足りない。さらなるグリーン性の明確化を求める声が増えていた。グリーン＆サステナブルファイナンスによる民間資金の流れを、パリ協定やＳＤＧｓの目標達成に活用したい政策当局者の思惑も高まっていった。「グリーンをもっとわかりやすく」との思いは、後にみるＥＵのサステナブルファイナンス行動計画に盛り込まれた「タクソノミー」への取組みを生み出したほか、国際標準化機構（ＩＳＯ）でのサステナブルファイナンス基準づくりの動きへと展開していく。そうした展開をみる前に、グリーンボンド市場の主な国別市場の課題に目を向けてみよう。

チャイニーズ・ウォールの攻防

グリーンボンド市場が隆盛した要因の1つに中国のグリーンボンド市場の登場があげられる。２０１５年12月。中国人民銀行（ＰＢｏＣ）は、中国国内版のグリーンボンドガイドラインを公開した。まとめたのは第2章で紹介した馬駿だ。ドイツ銀行の中国担当チーフエコノミストのポジションから、２０１４年4月にＰＢｏＣのチーフエコノミストとしてヘッドハントされていた。

ＰＢｏＣのガイドラインは金融機関向け。企業向けガイドラインは翌年1月に国家改革発展委員会（ＮＤＲＣ）が発行した。さらに２０１７年末、ＰＢｏＣと中国証券規制委員会（ＣＳＲＣ）はグリーンボンドの評価機関向けのガイドラインを公表している。現在のところ、この3機関が手分けするかたちで、中国のグリーンボンド・フレームワークを管理している。中心にいるのはＰＢｏＣであり、馬駿である。

ＰＢｏＣがガイドラインを公表する5カ月前。２０１４年7月に、風力発電事業をグローバルに展開する中国企業ゴールドウィンドが3億ドルのグリーンボンドをロンドンで発行した（注4）。中国企業の発行としては第1号。同ボンドは発足間もないＧＢＰに適合するとの認証を、ノルウェーのＤＮＶ ＧＬから得た。10月には中国農業銀行（ＡＢＣ）が、同じくロンドンで中国の金融機関として初のグリーンボンドを発行した（注5）。

いずれもＰＢｏＣ等によるガイドライン公表の「事前の練習」のようだった。ＡＢＣ発行のうち、ドル建てには発行額を4・4倍上回る応募が、人民元建てには9倍増の応募があるなど、市場の期待の高さを見せつけた。

第2章でみたように、中国はこの後、２０１５年12月にＧ20でＧ20グリーンファイナンス・スタディグループ（ＧＦＳＧ）の設立を主導し、翌２０１６年9月のＧ20の杭州サミットでグリーンファイナンスの推進を掲げる。国内グリーンボンドガイドラインの制定も、そうした中国のグリーンファイナンス戦略の1つとして準備・推進されたのである。

用意周到に整備された中国のグリーンボンドガイドラインだったが、欧米の投資家と中国市場を隔てる1つの「チャイニーズ・ウォォール」が存在した。それが「クリーンコール」のカベだった。

中国のガイドライン制定に際しては、ＣＢＩ、ＩＣＭＡ、ＵＮＥＰ Ｉｎｑｕｉｒｙなどもサポートしたとされる。ただ、中国は世界に冠たる「石炭大国」だ。石炭の消費量は2013年頃をピークに、その後は減少・横ばい傾向にあるものの、第一次エネルギー消費に占める石炭の割合は、2010年頃までは約7割、2018年にやっと6割を下回ったのが実態だ（注6）。

GBPやCBIの基準では、石炭などの化石燃料火力発電や関連事業は明確にグリーンボンドの対象から除外されている。中国自体も石炭火力の比率を下げたい。同火力から排出されるのはCO_2だけではない。硫黄酸化物、窒素酸化物、PM2・5等の大気汚染物質も大量に排出される。大気汚染による健康影響への国民の不満は根強い。その一方で、エネルギー消費の約6割を依存する石炭を再エネ等に切り替えるのは、いかに共産党政権でも一朝一夕にはいかない。発電事業を握る地方政府にとって、発電所は雇用の場でもある。手っ取り早い景気対策に資する投資対象（同時に利権）でもあるのだ。

こうした内外事情のなかで打ち出されたPBoCのガイドラインでは、石炭火力発電のうち、超々臨界圧石炭火力発電事業（USC）や超臨界圧石炭火力事業（SC）等は旧式の発電所に比べてCO_2排出量が約25％少ない「きれいな石炭火力（クリーンコール）」として、グリーンボンドの資金使途先に加えた。「（旧式に比べ）よりましな石炭火力」という意味と考えたほうがわかりやすいかもしれない。

しかし、最上位のUSCでも天然ガス火力発電に比べるとCO_2排出量は2倍も多い。

国内で大量に産出する石炭を活用するほうが、大半を輸入する天然ガスに依存するよりも経済的に有利とみる「中国の事情」が基準に反映されたと考えられる。一方、欧米の投資家にすれば、中国のガイドラインが「クリーンコール」をグリーン事業として認める以上、中国国内のグリーンボンドには投資リスクが存在することになる。

中国のガイドラインが国際的基準と異なる点は、クリーンコールだけではない。投資対象としては、化石燃料発電所の改造、石炭火力発電所の効率化、化石燃料関連インフラ、大規模水力発電設備（50MW以上）、廃棄物の埋め立て処分等も含まれていた。いずれも国際基準では「グリーン」とは認められない。さらにGBPもCBIも、ボンドでの調達資金は100％グリーン事業に投じることを求めるが、中国版は50％までは銀行借入れの返済や運転資金への充当が可能と、きわめて緩い（注7）。

中国のガイドラインは、こうした課題を抱えて出発した。だが、中国企業・金融機関のグリーンボンド発行は、基準公表後、急拡大し、米国に次ぐ発行大国になる。中国の発行体のうち、グローバル展開している企業、金融機関は、国内基準ではなくGBP等に準拠し、かつロンドンやルクセンブルク等の海外市場で、ドルやユーロ建てで発行した。一方、国内企業は人民元建てで上海や深圳等の国内市場で発行し、国内投資家が購入するという一種の「グリーンのダブルスタンダード」が続いたのである。

崩れたクリーンコールのカベ

その「クリーンコール」のカベが2020年5月、突然、崩れた。PBoCとNDRCの共通ガイドラインの改定案が開示され、そのなかでクリーンコールの除外方針が示された。除外はクリーンコールのほか、石炭鉱山地域総合支援事業、石炭鉱山からのメタン回収事業、海底石油・ガス開発事業等11項目。CO_2回収・利用・貯留事業（CCUS）の建設・運営、農村地域のクリーン・ヒーティングの2項目が追加された（注8）。

PBoCなどが制定から5年を経て改定に踏み切ったのはなぜなのか。厳格基準で知られるCBIの評価では、2019年の中国のグリーンボンド発行額（555億ドル）のうち、実に44％に相当する242億ドル分は、クリーンコール等へのファイナンスを含んでいるため、CBIの基準に合致しない、として除外している（注9）。同年の最大の発行額は米国の513億ドル。しかし仮に中国の国内向けボンドもすべて国際基準でも認められていれば、中国の発行額は米国を抜いていた。

ただ年間発行額が、首位か2位かの〝メンツ〟がガイドライン改定につながったわけでもないだろう。発行額の4割以上が国際投資家の投資対象にならず、グリーンボンド市場への信頼感を高められないことへの中国側の懸念が主要な要因と思われる。

クリーンコールの扱いをめぐっては、EUの欧州投資銀行（EIB）とPBoCの間で、調整作業が続いていた。２０１８年には一時、中国側の「転換」が市場関係者の間に伝えられる場面もあった。中国側の窓口は一貫して馬駿。欧米資本市場を熟知している馬にすれば、国際基準への適応を早く進めたいところだったはずだ。だが、その馬も、公式には「国際基準は各国の国内基準のなかで共通する部分だけを扱えばいい」との論法を平然と語っていた。いまから思うと、中国国内の政治的事情をふまえた苦しい発言だったと思われる。

グリーンボンドガイドラインの改定が、気候変動対策をめぐる中国の政治的視点が変わったことを示す伏線だったことがわかったのは、その後、２０２０年9月の国連総会でのことだった。習近平国家主席が「２０６０年までにＣＯ$_2$排出量ネットゼロ」を宣言したのである。新型コロナウイルス感染対策からの世界経済の回復で「グリーンリカバリーを後押しする」とも述べた。

中国はパリ協定の国別温暖化対策貢献（ＮＤＣｓ）では、２０３０年頃にＧＨＧ排出量をピークアウトさせ、経済全体のＧＨＧ排出量を60％から65％に削減（２００５年比）すると公約している。２０２０年12月のパリ協定合意から5周年を記念した国連主催の「気候野心会議」で習主席は、この「30年目標」も「65％以上の削減」とすると公約した。気候政策での主導権を意識した発言だ。

中国が目指すのはパリ協定への整合性だけではない。中国版グリーンボンドガイドラインの改定により、国内のエネルギー改革と、その後に連なる一帯一路イニシアティブ（ＢＲＩ）をグリーンインフラとして推進するための資金を、国際資本市場から誘導することを優先したとみることができる。最初のガイドライン制定から5年。中国のグリーンファイナンス戦略は確実に、次のステップに移ったようだ。

役所主導の日本の基準化

中国とは異なるが、日本も「独自」のグリーンボンドガイドラインを設定している。環境省が２０１７年3月に公表した「グリーンボンドガイドライン ２０１７年版」だ。同ガイドラインは２０２０年に改定された。中国の当初のガイドラインが国内のエネルギー事情に配慮して、ＧＢＰやＣＢＩの国際基準とは異質な「クリーンコールのカベ」を築いたことをみたが、日本のガイドラインはそうした「グリーン性」の論点ではなく、きわめて日本的な「役所の事情」によって、国別ガイドラインが設定されたといえる。

実は、筆者は同省のガイドライン制定に先駆けるかたちで開いた「グリーン投資促進のための市場創出・活性化検討会（通称、グリーンボンド検討会）」の委員長を務めた（２０１５年12月から２０１６年3月）。検討会のテーマは、「グリーンボンドについて、国内企業・金融機関等による発行の促進、国内投資家による投資の促進に向け、課題や方策の整理を行う」というものだった。

以下の経過説明は、市場ベースの国際基準であるGBPがあるなかで、なぜ日本では環境省という役所主導のグリーンボンドガイドラインが生み出されたのかを理解する背景の説明として読んでもらいたい。

これまでみてきたように、2015年末の時点で、国際資本市場にはすでにGBPとCBIが市場主導の国際基準として存在していた。わが国でも2014年10月に日本政策投資銀行がGBPに連動した国内発行体として初のグリーンボンド（発行額2億5000万ユーロ）を発行、2015年10月には三井住友銀行もドル建てグリーンボンド（5億ドル）を発行した。海外ではトヨタ自動車の米国金融子会社のトヨタモータークレジット（TMCC）が2014年3月に総額17億5000万ドルという、当時としては「巨額」のグリーンボンドを発行、市場の度肝を抜いた。

問題は国内市場でのグリーンボンド発行・普及をどう進めるか。環境省はきわめて積極的だった。環境省は環境行政を担う。だが、グリーンボンドは金融商品であり、金融商品を扱う金融庁がどう動くか。あるいはグリーンボンドの資金使途先は再エネ等のグリーン事業であり、産業界を所管する経済産業省がどう反応するか。他省庁の思惑を排して、グリーンボンド、グリーンファイナンスの分野をいち早く環境行政として取り込みたいとの思いが、環境省に強く働いていたように映った。

「検討会」の委員は12人。金融機関、コンサル、学識経験者ら。筆者の関心は「普及策」にあった。すでにGBP等が市場にあり、社債市場だけで70兆円の規模をもつ日本が、中国のように、グリーンボンドだけの国別基準をつくる必要はない、というのが最大の理由だ。グリーンボンドで国別・地域別の基準を設けているのは、中国、インド、ASEAN等の途上国・新興国である。これらの国々の国内資本市場は十分ではない。

日本の社債市場はすでに各国の投資家に開かれており、日本の投資家が海外のグリーンボンドに投資するように、日本企業発行のグリーンボンドに魅力があれば、海外投資家も当然、投資してくるはずだ。あるいは、日本市場で海外投資家が円建てでグリーンボンドやソーシャルボンド（サムライ債）を発行することこそ、奨励されるべき課題だ。さらには、日本の個人投資家が世銀等のグリーンボンドを「売出債」として確実に購入してきた事例もすでにみたとおりだ。要は市場が「グリーン性」を消化できるかという点と、グリーンボンドの資金使途先となる適正事業がどれほどあるか、という点にかかっていた。

したがって、国内のグリーンボンド市場の普及に必要なポイントは、主に3つに整理できる。第一は国内でのグリーン事業を奨励し、そこに投資家の資金をつなぐための金融機関によるボンドの設計力（ストラクチャリング能力）。第二は、発行されたボンドのグリーン性を客観的に評価できるセカンドオピニオン事業者の専門性であり、明確な情報開示の仕組みの設定。第三はボンドに投資する機関投資家への啓蒙活動となる。いずれも金融関係者の力量次第だ。

一方、実質3カ月しか時間のなかった環境省検討会では、一部の金融機関関係者から、「日本のグリーンボンドは普及途上なので、枠組み（基準）を過度に厳格に解釈すると発行体にとってコスト高となり、グリーンボンドの投資リターン等が低下する」「GBPの枠組みに厳格に準拠すると、大半の投資家は受け入れられない」などのGBP基準のハードルの高さを指摘する意見が出るとともに、「緩やかな」日本版への期待が示された。しかし先にみたように、GBPは決して厳格ではなく、その「使い勝手のよさ」が市場形成に役立ってきたのだ。

検討会では、グリーンボンドの資金使途について、「グリーン事業以外への投資も認められる債券も考えられる」との意見も出た。中国の「資金使途50%まで」のグリーンボンドと同様の考え方だ。これらの意見はほぼ同一の委員からの提案だった。しかし検討会なので、委員からの意見や提案された記載要請は基本的に検討項目として報告書に盛り込んだ。委員の提案だけではない。「コスト高論」「柔軟適用論」「資金使途弾力化論」等は、環境省事務局が記載にこだわった点だった。

もう1つ、筆者が気になっていたのが、ソーシャルボンド等の動きだ。当時、2015年1月にスペインのInstituto de Credito（スペイン開発金融公庫）が、初のソーシャルボンド（10億ユーロ）を発行していた。同国の経済停滞地域の中小企業支援が目的だ。まだICMAもソーシャルボンド原則（SBP）を開発していなかった時期なので、同ボンドはＧＢＰに準拠した。他の発行体による複数のソーシャルボンドも同年に登場した。そうした動きを受けてＩＣＭＡは急きょ、基準づくりを進め、翌２０１６年６月にソーシャルボンドガイダンス（後にＳＢＰ）を立ち上げることになる。

つまり、当時、求められていた非財務分野への資金供給の要請は、グリーンだけではなく、ソーシャル分野を含めたＥＳＧ、リステナビリティ、ＳＤＧｓを網羅するかたちでの高まりをみせ始めていたのだ。したがって、環境政策を扱う環境省だけで、サステナブルファイナンス課題を扱うのは非財務市場全体の発展にとっていいのだろうか、との疑念が消えなかった。一方で金融庁はほとんど動きをみせていなかった。

ＧＢＰと報告書の「勝手解釈」

検討会の報告は、２０１６年３月に公表された（注10）。「さらに検討すべき」というのが基調だった。ところが、そのほぼ半年後、環境省の報道発表に驚かされた。筆者らが担当した検討会報告で「わが国にマッチしたガイドライン等として取りまとめることが提言された」として、それを受けて「グリーンボンドガイドライン（仮称）」を目的とした新「検討会」を開催する、と発表したのだ。

「グリーンボンド検討会」とは別の「ガイドライン検討会」の設置だ。それも、新検討会の由来として、筆者が関与した検討会が「ガイドライン化を提言した」となっている。

その覚えはなかった。検討会報告では、「今後の展開」として「わが国にマッチしたグリーンボンドに関する考え方を、本報告書を土台にして、さらに整理していくとともに、ガイドライン等として取りまとめることも検討すべきである」との表現がある。

その意味は、グリーンボンドの普及策についてはまだ議論が煮詰まっていないので、「さらに整理し」、ガイドライン等については「検討対象」にとどめたものだ。ガイドラインへの言及は環境省側がこだわった点だった。実際の検討会ではガイドライン化の話はほとんど出なかったと記憶している。同省の担当者が原案段階で書き加えたようだ。

筆者は、報告書の最終案をみて、「検討対象」ならいいかとの軽い思いだった。だが、「検討」が、役所の手にかかると「提言」になるとは。しかも新検討会は、ガイドラインの検討ではなく、最初からガイドラインを決めるのが目的だという。環境省の担当者に問いただしたところ、時の事務次官がやってきた。その後のやりとりはここではカットする。報道発表文は筆者の指摘を受けて修正された。修正に気づいた記者はほとんどいなかったようだが。

しかし新検討会は、ガイドラインありきで作業を進め、2017年3月、「環境省版グリーンボンドガイドライン 2017年版」を公表した。

筆者が懸念したように、その内容にはGBPの「勝手解釈」が盛り込まれていた。「本ガイドラインにおいて『べきである』と記載されている事項（GBPの4項目：筆者注）

のすべてに対応していない限り、投資の環境改善効果を主張すべきでない、というような All or Nothingの立場には立たない」との部分だ。GBPの4項目をコピーしながら、GBPとCBIがともに共通の基本原則とする「最小基準論(minimum standard)」を否定したのだ。

そのうえで、発行体による環境改善効果の評価や、レポーティングが不十分でも、資金使途が環境事業に明確に使われるのであれば、グリーンボンドの普及の目的に照らして有効、との解釈も付け加えた。「レポーティングが不十分」なのに、「資金使途が明確」というのは意味不明だ。

文字どおりの「日本版」である。いや「役所版」だ。ところが筆者の知る限り、この「緩和規定」に準拠した国内グリーンボンドは今日に至るまで、1件も発行されていない。大半の国内グリーンボンドは、環境省ガイドラインとGBPの両方に準拠、という併記型だ。GBPの4項目を満たせず、環境省版の緩和規定に基づくようだと、投資家や市場から「劣後債」扱いされることを、発行体自身が十分に知っていたのだ。さらに環境省は「グリーンボンド発行奨励」として、発行体にセカンドオピニオン費用を補助金として配分している点も、発行体にとっては悩ましかったはずだ。「補助金はほしい」。だが、「政策支援がないと成り立たないボンド」と市場に受け止められると困る。

そこで、GBP併記となれば、GBP適合なのだから、国際市場のグリーンボンドに比して劣後扱いされず、またGBPは補助金等を否定していないので（正確には想定していないというべきだが）環境省の補助金もしっかり手に入れることができる、となる。ただ、緩和規定を除くと、環境省ガイドラインの骨格はGBPのコピーなので、実はGBP単独適合と変わらない。環境省ガイドラインへの適合の意義は限りなく希薄になる。

それでも環境省にとって、ガイドラインは大きな意味があったと考えられる。ガイドラインの設定でグリーンボンドの所管は環境省だとの「縄張り」を確定できたためだ。発行体への補助金付与はもう一つの論点だ。グリーンボンドの「グリーン性」の評価には追加プロセスが必要なので、その分、通常の社債よりもコスト高――との市場関係者の議論は、欧米市場でも時折、散見される。だが、現在のところ、グリーンボンドやソーシャルボンドを含めたESG債に補助金を付与する先進国は日本以外に見当たらない。

「ウィンウィン」か「ルーズルーズ」か

年金積立金管理運用独立行政法人（GPIF）の理事と最高投資責任者（CIO）を2020年3月末まで務めた水野弘道も過去にグリーンボンドの「コスト論」で興味深い発言をしている（注11）。「グリーンボンドは発行体にとってはコストが高く、投資家にとってもコストが高い」と述べたという。その理由として、「発行体にとってはグリーン性を評価する必要があり、その費用が通常のボンドよりかかる。投資家にとってのコストは、通常のボンドに比べて流動性が低く、そのコストがかかる」とした。つまり、グリーンボンドは、発行体・投資家双方が得をするwin-winプロダクトではなく、双方が損をするlose-loseプロダクト、との指摘で、海外でも関係者の間で話題を呼んだ。

だが、グリーンボンドは資金使途先のグリーン性を評価して気候・環境リスクへ備える分、そうではない一般的な社債に比べて、気候関連リスク対応のコストは少なくなると考えられる。実際にも、多くのＧＢＰやＣＢＩに準拠するグリーンボンドの発行時には応募者超過で利回りが低下し、低コスト発行のメリットを得るケースも少なくない。国際決済銀行（ＢＩＳ）は、２０１４年から２０１７年に発行された21本のグリーンボンドの分析から、通常の債券に比べて、平均18ｂｐ（ベーシスポイント）低いスプレッドでの発行メリットを享受したと指摘している（注12）。loseどころか、「グリーンプレミアム」が生じているのだ。

もちろんセカンドオピニオン費用を補助金でカバーできることは発行体にとってメリットだ。だがそれは税金から支払われていることを忘れてはならない。グリーンボンド発行体に、同様の補助金を配分するのはシンガポールがある。同国の場合、証券取引所が費用負担するかたちだ。日本のように、国民の税金を政府が補助金としてグリーンボンド発行体に配分する例は、少なくとも先進国ではない。ＥＵでは民間の経済活動への政府補助金の付与は厳格に制限されていることも指摘しておきたい。

緩和規定の突然の削除

環境省は2020年3月、ガイドライン改定を発表し、筆者をまた驚かせた。筆者が指摘した前述の「緩和規定」をすべて削除したのである。だが記者発表文には、なぜ削除するのかとの説明は1行もない。環境省の従来の説明では緩和規定は、グリーンボンドの高コスト構造を緩和させるためのものだったはず。その規定を削除したということは、「lose-lose」の論拠を引っ込めたとも受け取れる。その一方で、高コストを補完する名目で発行体に配る補助金は引き続き供給されている。補助金は一度、制度化されると、その効果にかかわらず、継続されるというのが、この国の役所の「常識」のようだが、環境省は少なくとも説明責任は果たすべきだろう。

環境省ガイドラインは「グリーンボンド高コスト論」を世に振りまいただけではない。国内での同ボンド市場の展開を「矮小化」してきた可能性もある。それは国際的な基準をモデルにしながら、国内の事情を理由とする日本版に改変する手法の是非だ。

環境省は同ガイドラインに限らず、これまでも環境報告ガイドライン、環境会計ガイドライン、エコアクション21などの国内環境ガイドラインを公表している。これらの多くは国際基準のコピー版だ。もちろん、国内の中小企業等への普及を図る初期の段階で、入門版や簡易版を作成する意味はあるだろう。

だが、日本の産業界全体がいつまでも、そうした国内版を必要としているわけではない。これだけグローバル化が進展し、地方企業や中小企業の海外進出も日常化しているなかでは、国際基準適合はグローバル市場での企業活動にとって当然のことであり、基準を満たしたうえで、さらなる信頼感を市場に打ち出せるかが問われている。そうした企業の国際競争激化のなかで、政策当局に求められるのは、本来は、国際基準を単純に国内化するばかりのシンプルな政策ではなく、国際基準の立案そのものに積極的に参画し、衡平な基準（注13）の制定に貢献することだろう。

「地方は別」「中小企業も別」「日本のグリーンボンドも別」という旧来型の視点で、市場の国際基準を「日本だから」として国内流に改変することは、本来、市場がもつけん引力、発展力、機動力等の展開を、逆に「ほどほどでいい」と抑えかねないという意味で、「矮小化」してしまう懸念がある。

日本の債券市場の規模と、相対的に良質な投資家層（特に「グリーン売出債」を購入してきた個人投資家）の存在、さらにグリーン関連技術レベルの相対的な高さ等は、日本をアジアのグリーン＆サステナブル市場のハブセンターに高めるのに十分な要素だ。こうしたサステナブルファイナンス要素を生かし、高めてこそ、東京市場が国際金融センターとしてグローバルに受け入れられることにつながる。

筆者は長年、環境省や経産省の政策をウォッチしてきた経験から、海外の政策や活動を国内での基準等に安易に置き換える役所の行動を、「途上国型」あるいは「島国型」と呼んでいる。戦後復興期から日本の経済社会システムには、この「途上国・島国型」の構造が随所に根を張っている。実際の途上国では、現在はすでに、日本よりはるかに国際基準への適合（衡平化）が進んでいる国も少なくない。国際基準の改変を当たり前とする政策運営を、先進国であるはずの日本がいつまでも続けることで生じる弊害は小さくない。だが、「霞が関」には、そうした弊害に気づかない向きがかなりいるようだ。

グリーンボンドをめぐるわが国の政策面での混迷が続く間も、グローバル市場では、グリーン&サステナブルファイナンス分野での基準の共通化、市場化をめぐる取組み、攻防、駆け引きは、激しさを増して展開している。市場の改革はどんどん先へ進んでいる。

ＩＳＯの取組み

２０１７年の初夏。本章冒頭で紹介したジョン・シェデラーから、ほぼ1年ぶりでメールが届いた。グリーンボンドのＩＳＯ基準をつくるので、一緒にやらないかとの誘いだった。シェデラーは米国ＩＳＯ規格団体のＡＮＳＩのメンバーだと紹介した。そのＡＮＳＩの提案でＧＢＰやＣＢＩの基準等をふまえ、グリーンボンドの国際標準となるＩＳＯ規格を制定するという。ＧＢＰを超える国際基準とは――。

国際標準化機構（ＩＳＯ）は１９４７年2月に設立されたスイスのジュネーブに本部を

置く非営利法人である。「世界165カ国の規格機関を構成メンバーとする独立した非政府機関」と自らを定義づけている。戦後復興とともに、国際的な貿易を推進するため、取引対象となる製品とサービスについて「世界中で同じ品質、同じレベルのものを提供できるようにする」ことを目的として、手続、品質、規格等の共通化を目指してきた。これまでに約2万6千の規格を世に出している。

環境分野で、日本でなじみが深いのは環境マネジメント規格のISO14001だろう。それ以外にも、身近な例として、非常口のマーク（ISO7010）やカードのサイズ（ISO／IEC7810）、ネジ（ISO68）などもISOで合意した国際規格として知られる。

ISOは、当初は製品を中心とした規格化を進めてきた。だが、近年はシステムや非財務分野の手順等にもシフトしている。似通った規格も少なくなく、細分化、複雑化している。規格数2万6千とされるが、使われない規格もあり、また作業の途中で断念したものも少なくないという。ISO14030の規格番号も、以前に別の規格化作業に使われていたが、成功せず、空番だったものを再登場させたと聞いた。

ISOの作業はシステマティックに進められる。分野ごとに専門委員会（TC）と呼ぶセクター委員会が設けられている。環境マネジメントの規格はTC207の担当だ。そのTCの下には、さらに分野を細分化した分科委員会（SC）またはプロジェクト委員会

（ＰＣ）を設けて、絞り込んだ議論をする。ＳＣ等の下にさらに、規格化作業の原案を作成する作業グループ（ＷＧ）を設け、規格案の土台となる委員会原案（ＷＤ）を作成する。

金融機関の気候ファイナンスを扱うＩＳＯ１４０９７の場合はＳＣ７（温室効果ガス管理関連活動）の傘下に、グリーンボンド等を扱う１４０３０はＳＣ４（環境パフォーマンス評価）の傘下に、グリーンファイナンスを扱う１４１００はＴＣ２０７の直属（途中からＳＣ４に変更）としてそれぞれＷＧを稼働させた。またサステナブルファイナンスを対象とするＴＣ３２２は新設ＴＣを立ち上げた。それぞれの「陣地」は一応、分けられている。しかし、実際にはＩＳＯのグリーン＆サステナブルファイナンス分野の専門家は欧米でも限られるので、４つの分野の作業には同じような顔ぶれが入れ替わりで顔を出すかたちとなる。

作業自体はかなり融通無碍に進められる。たとえば、先行したＩＳＯ１４０９７を追うようにして、２０１７年後半から始まったＩＳＯ１４０３０の作業は当初、グリーンボンドに絞っていた。だが、作業途中でボンドだけではなく、グリーンローンも対象に含めることにしたことで、規格の名称も「グリーン負債性金融商品（Green Debt Instruments）」に修正された。

２０１８年６月には、中国提案のグリーンファイナンス規格としてＩＳＯ１４１００の作業が立ち上がる。同規格の目的はファイナンスの対象となる環境プロジェクトの評価に照準をあわせるとしている。さらに同年9月には英国がサステナブルファイナンスの規格づくりを提案、新たにTC322が設置された。グリーンファイナンスを超える社会的ファイナンス、ESG、SDGs、非財務全体をターゲットとしたファイナンス規格を目指している。

このように、ISOのグリーン&サステナブルファイナンスの規格づくりは現在、4つの場で並行し、かつ絡み合いながら進められているのである。それぞれのISOチームがある意味で競合、連携、分担する側面がある一方で、グローバルな金融監督当局主導のTCFDやNGFSの流れ、さらにEUのサステナブルファイナンスの取組み、民間の国際資本市場協会（ICMA）の動き等とも、相互に影響し合いながら展開している。

WGでのワーキングドラフト（WD）の取りまとめは全員一致。だが、WDの次のステップである委員会原案（CD）以降は、各国の投票によって決定される（「Pメンバー」と呼ぶ積極参加国の3分の2の投票）。つまり、WDでは合理性、理論性が重視されるが、CD化に際しては、政策的、政治的配慮も入るわけだ。CDが採択されると、国際規格原案（DIS）となる。同案も「3分の2投票」で採択され、全ISOメンバー国の承認を得ると、最終国際規格案（FDIS）を経て、晴れて新ISO規格として世にデビューするプロセスだ。4チームのうち、14097と14030は本書執筆時点では一部を除いてDIS採決を終えており、2021年半ばまでのデビューが期待されている。

ＩＳＯ１４０９７：金融機関の気候貢献を規格化

先行したＩＳＯ１４０９７の動きをみよう。仏規格協会（ＡＦＮＯＲ）が提案した気候ファイナンスの規格化（ＩＳＯ１４０９７）作業は２０１７年2月にフランスのアンジェで第一回会合が開かれた。主査（Convenor）として仏気候シンクタンクのスタン・デュプレ、共同主査として国連気候変動枠組条約事務局（ＵＮＦＣＣＣ）のサステナブル開発プログラムのマネジャーを務めるセネガル出身のマサンバ・シオイ（Massamba Thioye）が就いた（デュプレは途中で離脱）。同規格のねらいは明らかに、パリ協定の目標実現のために、金融機関の資金を気候変動対策に誘導することにある。

パリ協定の第2条1（ｃ）では協定の目的について、「ＧＨＧについて低排出型であり、及び気候に対して強靱である発展に向けた方針に資金の流れを適合させること」としている。ＩＳＯ１４０９７では同部分をふまえて、気候目標の達成のために金融セクターが果たす役割を強調している。そのうえで、金融セクターにとっての気候変動の財務的影響や気候関連リスクと同機会等を指摘。ＴＣＦＤ提言にも言及している。

つまり、パリ協定が示す「1・5度Ｃ目標」「2度Ｃ目標」の達成に向けて、企業の削減取組みだけでは不十分な部分を、金融機関の気候貢献（Climate Contribution：CC）としての金融行動で埋めることを目指すものだ。具体的には、金融機関に、気候貢献に資する

図表4－2 ISO14097（DIS案）が示す金融機関の気候リスク情報開示の主要項目

〈金融機関（銀行）〉
① 短期、中長期の物理リスク
② 短期、中長期の移行リスク
③ 短期、中長期の訴訟リスク
④ リスク対応がうまくいかなかった場合の金融機関自身による総合的な説明
⑤ 訴訟リスクへの備え
⑥ 投融資先の短期、中長期の気候リスクと機会の評価
⑦ ポートフォリオに占める短期、中長期の気候リスクと機会の評価
⑧ 短期、中長期にわたる気候変動リスクをどう管理するか、その手段・ツールを含めて
⑨ 気候変動リスクを金融機関全体のリスクマネジメントのプロセスと政策にどう統合しているか
⑩ 気候リスク政策にエンゲージメントは含まれているか
⑪ エンゲージメント活動は抱えている気候変動リスクにどう影響を及ぼしそうか
〈保険会社〉
① 地域、ビジネス部門、プロダクトごとの保険／再保険ポートフォリオのリスクマネジメント・プロセス
② 想定される主な気候関連イベント
③ 顧客や取引先、ブローカー等に影響を及ぼす気候関連リスクの潜在的影響の度合い
④ 気候変動関連の保険商品やサービスの開発状況。グリーンインフラ保険、気候関連リスクに特化したアドバイザリーサービス、短期、中長期の気候関連顧客向けエンゲージメント等
〈資産運用業〉
投資家や資産運用機関は、気候戦略を個々の商品や投資戦略にどう取り込んでいるかを開示すること

（出所）ISO14097DIS案より

投融資活動を求めるとともに、その成果を情報開示する手順等を示している。

WGは当初、金融機関への認証規格を目指した。パリ協定目標達成を最優先するUNFCCCの意向と思われた。ただ、GHG削減の主体は、投融資先の企業である。金融機関は投融資行動を通じて、ポートフォリオあるいは投融資先に対し、GHG削減の促進を求める立場。効果的なGHG削減そのものを自らが実施するわけではない。「貢献」という概念への理解の隔たりもあり、委員会原案（CD）を経て、2020年後半に採択された国際規格原案（DIS）では、「Theory of Change（ToC）アプローチ」として、金融機関が投融資先に対して取り組む気候行動とその目標を定め、そのための戦略、結果、成果の情報開示を求めるフレームワークを示すかたちとなった。

結果として、前章でみた金融当局が推進するTCFD提言やNGFSの推奨行動に沿った取組みを手順化したかたちともいえる。ここでいう「貢献」には、GHG排出量の削減分だけでなく、気候貢献に逆行する増大分も含まれる。つまり、金融機関の気候貢献は、プラスとマイナスの貢献を相殺して、ネットゼロあるいはポジティブな貢献を求められ、その結果を開示することになる。

対象とする投融資には、再エネ等の気候緩和事業への投融資に加えて、気候適応策も含める。認証規格化を断念した背景には、以下のような出来事もあった。

2019年1月、スイス・ヴィンタートゥールでのWG会合。冬のスイスは、気温はし

図表4－3　ISO14097のワーキングチーム

（注）ISO14097ワーキングチーム、2017年12月、パリで。

びれるほど低いが、風がないと静かで、意外に心地よい日々が続く。会合での議論も比較的穏やかだった。会合の最終日、あるスイス大手銀行のサステナブルファイナンス担当者らとの面談がセットされた。ＷＧの面々は「ご馳走があるはず」などと軽口を交わしながら、電車で連れ立って30分ほどのチューリッヒの街に着いた。

銀行での会合では、ＷＧを代表して主査がＩＳＯ１４０９７の目指す方向性を説明し質疑に移った。その際、年配の銀行マンから一言あった。「ダブルカウントにならないようにしてほしい」。一瞬、ＷＧの面々は、虚を突かれた。投融資先のＧＨＧ排出量が減った際の要因が、金融機関の気候貢献によるのか、企業自身による削減努力なのか。UNFCCCにすれば、どちらであっても実質の削減量が増えればいい。しかし、両方が貢献を主張すれば、削減貢献量は2倍になりかねない。

慇懃無礼なスイスの銀行マンが指摘した懸念は、それまでのWGでの議論ではほとんど出ていなかった。WGにも金融機関出身のメンバーはいた。だが、その多くは、金融機関でもサステナビリティ派の立場で、筆者が知る限り、金融実務をふまえた発言はあまりなかったと思う。投融資先資産における排出削減の成果を、金融機関によるエンゲージメントとみるか、企業の自主的な取組みとみなすか。その合理的な配分方法をルール化できるのか。こうした点を明確にしない限り、認証の対象にはならない。

ただ、14097はTCFD提言に沿った金融機関の気候行動手順を整理する成果を示した。情報開示では図表4－2のような項目を整理した。

米欧対立のISO14030（?）

ISO14030のWGの最初の会合は、2017年12月にパリで開いた。ちょうど14097の4回目の会合も同時期に同地で開かれたため、専門委員となった筆者も、2週続けてパリに滞在した。14030の会合はパリ北東部にある仏WWFの事務所で開かれた。住宅街の一角にある、こぢんまりとした建物での初会合は、当初からピリピリした

図表４－４ ISO14030のワーキングチーム

（注） ISO14030ワーキングチーム、2017年12月、パリで。

緊張感が漂っていた。

筆者は環境金融を専門とし、ＩＳＯの専門家ではない。だが、一般的にＩＳＯ規格はＥＵ勢が中心だということは知っていた。ＥＵ主要国が国内規格を欧州規格化し、さらにＩＳＯ化することで、長年にわたって国際的な規格づくりの主導権を握ってきたとされる。実際、ＥＵ各国には規格化の専門家がそろっているうえに、地理的に近い各国間での緊密な情報交換も随時、可能だ。もちろん欧州各国同士でも主導権を争う。ただ、規格のプロセスで重要になるＣＤ投票やＤＩＳ投票において、ＥＵ勢がそろって数の力を発揮する局面は少なくない。

筆者が参加した１４０９７のＷＧも１４０３０のＷＧも、ＷＧの実質的な参加メンバーの3分の2か4分の3は欧州勢の感じだった。両WGに何回か参加した経験では、通常、20人前後の会合参加者のうち、欧州勢以外は米国、カナダ、ブラジル、(14097にはエジプトからのメンバーがいた)そして時折、日本人、という配分のイメージだ。米国勢が複数いる場合もあるが、それにしても欧州勢中心であることに変わりはない。

ところが14030のグリーンボンド規格化は米国のANSIが提案し、主査にも就いた。第2章でみたように、EUは前年の2016年10月、欧州委員会内に「サステナブルファイナンスに関するハイレベル専門家会合(HLEG)」の立ち上げを決めていた。HLEGは、2018年1月、EUのサステナブルファイナンス行動計画として、グリーンファイナンスの対象となるグリーン事業をリスト化する共通タクソノミーをはじめ、EU版グリーンボンド基準(EU GBS)、非財務情報開示指令(NFRD)の強化等の8つの提言をまとめている。

その作業を受けるかたちで14097の作業が始まっていたわけだ。EUの当初のシナリオは、HLEGと並行して、14097で金融機関の「気候貢献(CC)」を国際規格化し、それらの金融機関が扱うグリーンボンド等の金融商品の枠組みや評価のルール等についてもHLEGの報告を待って、ISO化する想定だったのではないか。ところが、そこにトランプ政権下で、動きが抑えられているはずの米国がグリーンボンドに照準を定めたISO提案を打ち出した。このため、米欧間で微妙な電流が流れた、かもしれない。次章でみるように、ＥＵはＩＳＯを横目にして、ＨＬＥＧを継承した技術専門家グループ（ＴＥＧ）のタクソノミー作業で、さらなるＥＵ基準の深掘りに向かっていく。

「米欧緊張説」は筆者の推測でしかない。米国にも「グリーンボンド規格は自らが主導する」理由はあった。民間のグリーンボンド発行市場での米国勢の発行量は常に欧州市場を抜き、地域別ではトップを占めることが多い。「グリーンボンド市場は米国が中心」と主張してもなんらおかしくはない。前述のグリーンボンド基準のＧＢＰを制定したのも、ニューヨークに拠点を置く各主要銀行のサステナビリティ派の面々だった。

米国の発行体は欧州に比べて、地方自治体や連邦住宅抵当公庫（ＦＮＭＡ：ファニーメイ）などの公的機関が多い。米資本市場の大きさから、１回の発行額が大きいのも特徴だ。また公的機関等による発行が多いせいか、セカンドオピニオン等の付与はあまり気にしないなど、ＥＵ市場とは微妙に異なる市場慣行にある。それらを整備し、ＧＢＰとは別にＩＳＯのグローバルな共通基準を整備したい、と米国のＩＳＯチームが考えたか。

同時に、米国は当初から、中国市場を巻き込むことも想定していたと思われる。実は、筆者がシェデラーと知り合った韓国での国際会議は当初、中国で開催する予定だった。会議の主宰者は中国のシンクタンク。シェデラーは中国勢との調整も兼ねて、会議に参加したのかもしれない。ところが事情はよくわからないが、国際会議は隣国の韓国での開催に変わった。欧州中心で議論が進むグリーンボンドの共通市場化を、米国が中国も巻き込んで展開するねらいがあったのか。前述したように、欧州勢も中国を意識していた。

しかし、中国勢は、ＩＳＯの１４０９７、１４０３０の両ＷＧメンバーに名を連ねてはいたが、ＷＧでの議論にはいっさい姿をみせなかった。ＷＤ合意後も姿を現さない状況がしばらく続いた。中国のＩＳＯ窓口となる中国国家標準化管理委員会（ＳＡＣ）の担当者が現れるのは、政治的駆け引きが中心となる両規格案のＣＤ段階からだった。

グリーンボンド基準攻防

こうした背景で始まった１４０３０のＷＧ。主査が用意したＷＤ原案は、当初、パート１（グリーンボンドのプロセス）、パート２（タクソノミー）、パート３（検証）の３分類。パート１は、発行体が発行する債券が「グリーン」であるための適格性確保のプロセスの規定だ。ＩＣＭＡのＧＢＰの４項目をプロセス化した内容といえる。対象となる事業、資産、活動（Projects, Assets, Activities）の適格性を評価して選定し、それらに充当される資金を管理し、資金充当期間に生じる環境影響を評価し、投資家向けにレポーティングする、という流れだ。

パート２はＥＵのＨＬＥＧおよびその後継組織となるＴＥＧでの最大の焦点となったタクソノミー開発となる。ＥＵのタクソノミー議論がサステナブルファイナンスのフレームワーク構築に際して、大きな議論となっていくように、ＩＳＯの議論でも最大の「攻防」

の場となった。そしてパート3はセカンドオピニオンを担う外部の検証者（Verifier）の評価・認証の手順だ。

その後、グリーンボンドだけではなく、グリーンローンも対象に含めるべきとの意見がフランスから提案される。筆者は同案には反対した。ローンは一般的に貸し手と借り手の二者間契約だ。貸し手が借り手の状況を審査し、融資後もモニタリングする。一般投資家を対象とするボンドのような共通基準がなくても、貸し手が借り手の審査を通じてグリーン性の評価もできるはずと考えた。だが、ボンドとローンは、金融的には負債性金融商品としての共通性はある。激論の末に、取り扱うグリーンローンを、借り手がグリーン性を立証しにくいリテール向け等に限定することで合意した。

そこでグリーンローンをパート2に入れ、タクソノミーと検証はそれぞれパート3、同4に変更した。その結果、規格テーマも当初の「グリーンボンド規格」から、「グリーン負債性金融商品」に変更されたわけだ。

最初のWGの会合で緊張感が漂っていた、と指摘した。その緊張感は、ISOの目指すところが、市場にすでにあるGBP、CBIを駆逐しようとするものではないのか、あるいは検討中のEU基準と「対立」ないしは「競合」しようとするものではないのか、という関係者の疑念から発していたと思われる。

第2章で、サステナブルファイナンスの世界では、国同士の利害対立に基づく綱引きのほかに、国の利害を超えて気候変動や、ＳＤＧｓの達成等に重きを置くサステナビリティ派が、攻防に加わる可能性もあると指摘した。まさに、ＩＳＯ１４０３０のＷＧ会合での緊張感は、米欧の国ベースの綱引きに加えて、サステナビリティ派の思いと利害が微妙に絡んでいたようだった。

実際に、会合メンバーにはＧＢＰを運営する国際資本市場協会（ＩＣＭＡ）の関係者、ＣＢＩの関係者も顔をそろえていた。ＩＣＭＡの関係者には、欧州勢だけではなく、米金融機関のサステナビリティ派もいる。彼らは盛んに小グループでの打合せを重ねていた。米国主導による新たなＩＳＯ基準づくりを阻止することは、〝先駆者〟であるＩＣＭＡとＣＢＩにとって共通の利害だったのかもしれない。

主査のシェデラーは熟練のＩＳＯ専門家だった。各国、各メンバーの思惑や利害の対立状況を解きほぐす手法を熟知していた。欧州勢や金融機関のサステナビリティ派が疑念を示したパート１（グリーンボンドのプロセス）については、ＧＢＰの4項目をそのまま盛り込んだ。市場で最も活用されているものを採用するのは、ＩＳＯの基本でもある。

パート3のタクソノミーの取扱いでは、早い段階でＩＣＭＡとＣＢＩの両参加メンバーに「丸投げ」したようだ。当初は事務局から簡単なタクソノミー案が提示されたが、その後、ＥＵのＨＬＥＧおよびＴＥＧのタクソノミー作業が進展するにつれ、それらの案が盛り込まれ、ＥＵの作業が進むたびに、差し替えられていった。

合意を得やすいように、異論を唱えそうな主張を先取りして取り込むふうだった。気候変動対策や環境保全対策に効果のある事業・活動を基準化する際、再エネや省エネ、クリーン運輸、グリーンビルディング等は当然、どの国でも、どの市場でも対象になる。次章でみるように、EUのタクソノミーでも焦点になるのは、天然ガスのように化石燃料だが中間的なエネルギーの扱い、政治性が入る原子力発電、自然生態系とのバランスが議論になる大規模ダムによる水力発電やバイオマス発電、さらにクリーン運輸で中間的なハイブリッド車の扱い等だ。加えて、グリーン性が比較的薄いが経済的に必要とされるものをどう扱うか。あるいは他の環境・社会問題とのバランス等となる。

ISOの作業ではそうした機微に触れる案件をめぐる議論でも、基本的に先行するEUの作業をふまえるかたちだったと思える。次章で触れるが、EUの場合、気候関連のタクソノミー整備のTEGだけでも、支援メンバーを含めると100人を超す専門家が参加した。これに対してISOの場合は、ISOの専門家を中心として20人から30人程度でしかない。前述したようにISOは、あくまでも市場の共通項とみなされるものを取り入れるスタンスだ。そう考えると、より選ったESGやサステナビリティの専門家で組織したEUのHLEGならびにTEGの「成果物」を選択するのは合理的だった。

ただ、14030の「EU案丸飲み」路線も、土壇場で軋みを生じる事態に直面する。

3票差の重み

2020年夏に実施した14030のDIS投票で、14030の各パートのうち、1、4は賛成多数で可決した。出遅れていたパート2もCD投票をパスした。だがタクソノミーを扱うパート3のDIS投票では、賛成票は3分の2に3票足りず、否決されてしまった。反対したのは、日本のほか、ドイツ、フィンランド、英国などの欧州勢も含まれていたという。前述したように、米国の主査は、当初はフレームワークについてはICMA、CBI案を、タクソノミーについてはEU案を、それぞれ「丸飲み」するかたちで進めてきた。

実際、タクソノミーもEUのTEGが示した各対象事業のほか、「他の環境目標に重大な損害をもたらさない（Do No Significant Harm：DNSH）原則」等も採用した。だが、ISOは国際規格なので、国別に法的規制のある自動車等の取扱いでは一律基準とは別に、各国の法規制を尊重する扱いに修正した。しかし、一部の欧州勢はこうしたタクソノミー修正が気に入らずに反対したようだ。

日本の場合は、経団連がEUタクソノミーへの反対意見書を公表した際、ISOの規格化にも反対姿勢を打ち出したように、タクソノミーという概念そのものに反対してきた。EUの一部諸国の反対は、サステナビリティ派としての立場と、EU主導を貫きたいという覇権的な立場とがミックスされていたように映る。ただし、フランスやオランダ、スイス等は賛成票を投じている。サステナブルファイナンスを軌道に乗せることを優先する市場派の視点ともいえる。この時点で欧州勢自体が二分されたことは間違いない。

１４０３０全体では、２つのパートがＤＩＳ投票で承認され、もう1つのパート2も特段の大きな議論がないことから、２０２1年半ばの成立が確実視されている。その際、パート3のタクソノミーを除外して発行するか、あるいは、パート3だけ、ガイダンス等として示すか、または再度、修正ＤＩＳ案を投票にかけるか等の選択肢が取り沙汰される。本書が刊行される頃には、その方向性はおそらく決まっているだろう。いずれの選択肢とは別に、バイデン政権に代わった米国が特定の反対国に働きかけて、「3票の差」を埋めることも、そうむずかしくはないはずだ。

むしろ、仮に、パート3を「欠く」かたちでＩＳＯ１４０３０が発行する事態になると、困る国が出てくるはずだ。グリーンボンド、グリーンローン等の手順は可決されているだろうから、ＩＳＯ認証のボンド、ローンを扱う場合、準拠するタクソノミーがＩＳＯでは示されないかたちになる。となると、かわりに「他のタクソノミー（selected taxonomy）」を使うことになる。ＥＵ諸国の場合は自ら開発したタクソノミーがある。中国やインドも一応、自国版がある。だが、たとえば日本はどうか。環境省がグリーンボンドガイドラインを公表しているが、同ガイドラインはＩＣＭＡのＧＢＰの枠組みを丸ごとコピーしているだけで、タクソノミーは示していない。

そうなると、日本の発行体はＩＳＯに準拠したグリーンボンドを発行する場合、ＥＵなど他の国のタクソノミーを援用する以外に、「ＩＳＯ準拠」をうたえない。従来どおりのＧＢＰ連動で対応する場合も、ＥＵは自らのグリーンボンド基準（ＥＵ　ＧＢＳ）への準拠に切り替えることから、ＩＣＭＡのＧＢＰ連動は途上国等のボンドが中心になる可能性もある。米国も独自のタクソノミーは設定していないが、ＤＩＳ段階で示した「ＩＳＯ提案のタクソノミー」を国内で準用することにすれば、クリアできるかもしれない。そうした手順をとるか、あるいは「3票差」が解消されて、ほぼ想定どおりに4つのパートがそろってデビューするか。１４０３０が最終的にどう着地できるかは、日本のサステナブルファイナンス市場の先行きにも少なからぬ影響を与えそうだ。

中国のＩＳＯ登場

欧米間での微妙な駆け引きが各分野で続くなかで、中国も独自の動きをＩＳＯの場で展開した。中国のグリーンファイナンスへの取組みは、ある意味で日本等よりも早かったといえる。第2章でみたように、２０１６年9月に杭州で開いたG20で、英中共同でグリーンファイナンス・スタディグループの設立が決まり、グリーンファイナンスの枠組みづくりに動き出していた。同チームの作業から、「グリーンファイナンスの国際規格化」案が出てくるのは必然でもあった。

中国国家標準化管理委員会（ＳＡＣ）は翌２０１７年に「環境金融（Environment Finance）」をテーマとしてＩＳＯ規格化案を提案した。気候ファイナンスにとどまらず、大気汚染、水質汚濁、土壌汚染、生態系破壊や自然環境など環境全般を対象とした総合的な「環境金融」規格の提案だ。実際、中国は温暖化問題だけでなく、ＰＭ２・５による健康問題や、各地で水質汚染が激化、土壌汚染も深刻な状況が続いている。環境金融の規格化でグリーン投融資への資金の流れをつくりだそうと考えたようだ。そうした国際規格があると、習近平主席が推進する「一帯一路イニシアティブ」（ＢＲＩ）にも資する。

ところが、中国案は、同年末に実施されたＩＳＯ投票で、１票差で否決された。ＩＳＯでは重複する規格はつくらないという基本原則がある。中国案はすでに始まっていたＩＳＯ１４０９７や１４０３０等の作業との重複感があると考えた国々が過半を超えたわけだ。だが、それくらいでへこたれる中国ではない。２０１８年に入って中国は、中身はほとんど変えずにタイトルだけを「グリーンファイナンス」と変えて、再提案した。他の規格化作業との重複を避けるため、タイトルも「グリーン金融商品のアセスメント（影響評価）」に変えた。グリーンボンド等の金融商品を評価する手順ということになる。

同年６月、中国の修正案は投票の結果、一転して採択された。ＩＳＯ１４１００のスタートである。当初案から半年あまりの間に、中国の集票工作が功を奏したのか、あるいは環境金融への理解が世界のＩＳＯメンバーの間で深まったのか。その点はわからない。「執念」を感じる中国の動きだが、実は１４１００の議論に参加してみると、戸惑う点が少なくなかった。主査には中国標準化研究院（ＣＮＩＳ）の李鵬程（Li Pen cheng）が就いた。李はＴＣ３０１（エネルギーマネジメント＆エネルギーセービング）の副議長も務めるＩＳＯの専門家だ。

しかし２０１９年に開いたドイツ・ベルリンでのＷＧ会合後、テーマが当初の「アセスメント」から「グリーン金融商品のための環境クライテリアのガイダンス」に切り替わってしまう。字句どおりに受け取ると、アセスメントのための環境クライテリア基準の整備となる。この変更は、ＩＳＯの環境派の複数のメンバーが提案したことで、中国の主査が飛びついたかたちだ。

だが、１４０３０で導入するタクソノミーでグリーン事業を特定する予定になっていたのに、それとは別にグリーン金融商品のグリーン性を評価するクライテリアを設定する必要があるのだろうか。次章にみるように、タクソノミーとは、分類されたグリーン事業等に該当すれば、それをもってグリーン性ありと評価される一種の「簡便手法」である。したがって、タクソノミーの分類に合致すれば、本来は個々の事業ごとのアセスメントも不要になる。ただ、このアセスメントを事業や商品の開発手順の影響評価と考えれば、ステークホルダーの関与等を保証するプロセス規格として意味が出てくる。

しかし、14100が目指す方向は、そこから早々と切り替わってしまった。類推するに、グリーン事業へのステークホルダー関与を手続化することは、金融機関がプロジェクトファイナンスで環境・社会（ES）評価を手順化した「エクエーター原則」のように、外部のNGOや地域住民との対話も盛り込むことになる。中国はかつて、長江に全長600キロメートルに及ぶ貯水域をもつ三峡ダムを建設する際、ダム湖建設で水没する多数の村落や都市の住民約120万人を強制移住させ、国内外で大きな議論を呼んだことがある。グリーンインフラ建設にステークホルダー手続を導入すると、NGO等の参入を招き、「強権」を封じ込められる可能性もある。中国はその点を嫌ったかもしれない。

もっとも、テーマ変更はISOでけ時折、あるようだ。少なくとも、今回の14100でのテーマ変更劇が示すのは、中国白身は、ISOのグリーンファイナンスの規格化作業のなかで、自らが主導する「チーム」をもつことに「執念」を燃やしたが、肝心の規格のテーマ自体には、さほど「執念」をもっていたわけではないということだ。実際、変更したクライテリア規格化自体も、その後、再修正を目指しているという。むしろ中国は次にみるサステナブルファイナンス規格（TC322）との連携、すなわち英中連携のための足場として14100を重視しているように思える。

英国提唱のサステナブルファイナンス規格

２０１８年５月。英国規格協会（ＢＳＩ）がサステナブルファイナンスの規格化を提案した。これまでの１４０９７や１４０３０、１４１００はいずれも環境マネジメント規格を担当するＴＣ２０７での取組みだ。グリーンファイナンスはそれでいい。だが、ＥＳＧ、サステナビリティ、さらにＳＤＧｓに視野を広げて、非財務分野全体をターゲットとした金融活動を推進する規格となると、ＴＣ２０７ではカバーしきれない。そこで、新たな業際的なＴＣの立ち上げが必要という提案だ。提案は採択され、翌２０１９年３月にロンドンで初会合が開かれた。その後、検討作業が進んでいる。

たしかに、ソーシャル（Ｓ）や企業のガバナンス（Ｇ）等を含めた金融の枠組みを構築するとすれば、環境に絞ったＴＣ２０７よりも、新たな枠組みが必要だろう。関連する既存ＴＣも多方面に及ぶ。「環境マネジメント（ＴＣ２０７）」のほか、「金融サービス（ＴＣ68）」「資産運用（ＴＣ２５１）」「持続可能な都市とコミュニティ（ＴＣ２６８）」「サーキュラーエコノミー（ＴＣ３２３）」「ブロックチェーン・分散台帳技術（ＴＣ３０７）」「組織のガバナンス（ＴＣ３０９）」等。

ＥＵはＩＳＯの作業と並行するかたちでサステナブルファイナンス行動計画を推進してきた。英国もＨＬＥＧの段階では同計画のフレームワークづくりを主導していた。だが、

図表4－5　TC322と関連する主な他のTC

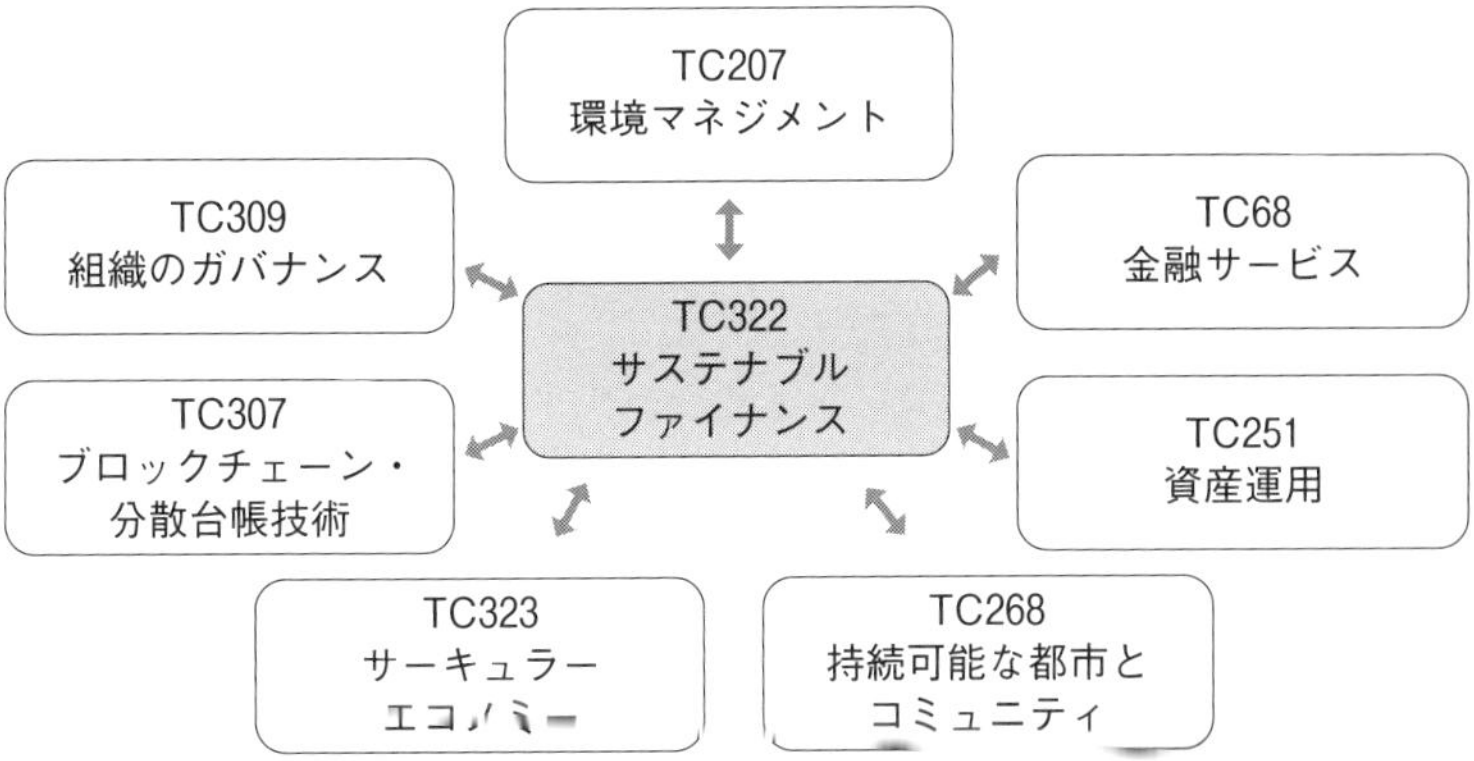

（出所）　筆者作成

EU離脱後に英国がISOで主導するTC322は、EUのサステナブルファイナンス戦略をふまえつつ、その先を目指すようにみえる点で、「離脱戦略」の1つかもしれない。

BSIの提案（注14）では、提案の目的として、①金融セクターのイノベーションを促進し、協力とリーダーシップを深める、②ESGを投資と金融実務によりよく統合する、③投資判断に貢献するレポーティングやベンチマーキングのための共通用語と標準的アプローチを構築、④既存の産業イニシアティブによるギャップやチャレンジを克服する、⑤サステナブルファイナンス商品と能力増強のイニシアティブのための市場の成長を支援する――の5項目を提示した。

提案では、これらの目的に最も適合する国（地域）として、ＥＵとともに資本市場同盟（ＣＭＵ）を列記している。ＥＵのサステナブルファイナンス行動計画を意識していることがみえる。そのうえで、英国、米国、中国の３カ国について「最もサステナブルファイナンスに適し、積極的な国々」と名指しして、共同歩調を呼びかけている。ＥＵ／ＣＭＵとともに、英米中を列記したところに、英国の戦略の矜持がチラつくふうに受け止めたのは筆者だけだろうか。日本への名指しはない。その他大勢の扱いだ。

ＴＣ３２２の議長には英国のピーター・ヤング（Peter Young）、副議長に中国の馬駿が並んだ。ヤングは環境コンサルタントの出身。第2章でみたように、英国政府が世界に先駆けて設立した国営環境銀行の「グリーン投資銀行（ＧＩＢ）」を、キャメロン首相が２０１７年に豪マッコーリーグループに売却した際、重要な役割を果たしている。民営化とともに、ＧＩＢのグリーンミッションを国として担保するため、英政府が設立した「グリーン目的会社（ＧＰＣ）」の政府指名管財人を務めたのだ。5人で構成する管財人の議長もこなした。英政府の環境戦略の担い手の1人とみるべきだろう。

副議長の馬駿も、すでに指摘したように、中国のサステナブルファイナンスの中心人物である。Ｇ20グリーンファイナンス・スタディグループ（ＧＦＳＧ）を運営してきた英中連合がＩＳＯで再結成された姿だ。中国主導のＩＳＯ１４１００の主査の李鵬程もＴＣ３２２との共同ワーキンググループを設立して加わったほか、複数の中国人専門家がメンバーとして加わっている。ＴＣ２７０の１４０９７、１４０３０などでは「一向に姿をみせない中国」だったが、ＴＣ３２２には全力投球しているようにみえる。

ＰＡＳ７３４０シリーズの意味

ＢＳＩはＴＣ３２２の提案が採択されるや、２０１８年秋にもう１つの作業チームを国内で立ち上げた（注15）。ＰＡＳ（Publicly Available Specification：公開仕様書）作成チームだ。ＰＡＳは迅速な規格づくりを進めるファストトラック方式を指す。英国の経済産業省に相当するビジネス・エネルギー・産業戦略省（ＢＥＩＳ）の肝入りで、ロンドン・シティをサステナブルな投資と活動の中心にするために、早期のサステナブルファイナンスのフレームワークづくりを目指すとしている。

ＰＡＳ作業のための戦略的アドバイザリーグループ（ＳＡＧ）の議長には、ピーター・ヤングが就任した。つまり、ＢＳＩはＩＳＯの規格化と国内の規格化作業を並行して推進する体制をとり、ヤングは両方のキャップをかぶったわけだ。ＢＳＩは２０２０年１月、ＩＳＯに先行させるかたちで、サステナブルファイナンスのフレームワークとなるＰＡＳ７３４０：２０２０を公表した（注16）。次いで同年10月には業態別第一弾の７３４１（責任・サステナブル投資マネジメント）を公表した（注17）。

ＢＳＩはＰＡＳについて、パリ協定や、国連の持続可能な開発目標（ＳＤＧｓ）等を実

図表4-6　英国規格協会（BSI）の本部

（出所）筆者撮影、ロンドン・チジックにて

現するために、金融機関が活動・貢献するための枠組みと位置づけ、5年がかりで業態別の手順等を構築する計画としている。BEISのほか、HSBCやロイズグループなどの英金融機関、シティ・オブ・ロンドン、第2章でみたE3G、オックスフォード・スミス・スクール、英NPOの責任投資原則（PRI）、英WWFなどがかかわっている。英国の官民サステナビリティ派が総力をあげて取り組む姿勢である。

PASの枠組みは英国の規格だが同時に、欧州や国際基準への「インプット」も考慮するとしている。ISO規格との並行作業を正当化しているわけだ。PAS7340では、サステナブルファイナンス原則として、①ガバナンスと企業文化、②ビジネス戦略の適合、③インパクトマネジメント、④ステークホルダー・エンゲージメント、⑤透明性、の5原則を示している。

これらの原則は、TC322のサステナブルファイナンスフレームワーク案（ISO32210）にほぼ同様の内容で盛り込まれた。英国の当初どおりの戦術であり、当然だろう。もちろん、今後のISOの国際的な議論のなかで修正される点もあると考えられる。注目すべきなのは、英国が、国内規格案と国際規格案を同時に世に問うことで、国内と国際両規格の共通化を図る戦術である。ISOで議論を重ねる間も、英国の金融機関はPAS7340シリーズに沿ったサステナブルファイナンスの取組みを市場で実践し、モデルの検証を深めていく展開が予想される。実証によって裏打ちされることで、TC322の規格化作業は、よりいっそう、英国主導での展開が進むことになる。

ポーカーゲームのような攻防

先にISO14030の議論で、米国の主査が、EU等が取り組むタクソノミー案等を「丸飲み」したと指摘した。それも規格合意を進めるうえでの戦術といえる。EU関係者や市場のサステナビリティ派にすれば、「われわれの案を受け入れてくれるならば」と警戒心を緩め、規格化の土俵に乗りやすくなる。

英国の場合、自らモデルとなる規格を用意し、ISOの議論の場に提示してリードしていく格好だ。ISOに参加する他国のメンバーたちは、PASの展開を横目でみながら、結果的に英国の国内基準を「後追い」させられることになる。TC322全体がそうなるかどうかは、英国案が引き続き妥当性を保てるかどうかにかかっている。

英国案自体が自国の利害を過度に忖度したふうにはみえず、市場の合理性とＥＳＧ等の非財務要因への配慮をふまえ、理念・規範派とビジネス、市場派のいずれからも評価される一定の客観性が担保できるかどうかも重要だ。シティの熟練の人々は、理念をふまえつつ、市場づくりにも長けている。

もちろん課題もある。グリーン関連に照準をあわせたＴＣ２０７とは違い、ＴＣ３２２はソーシャルを含むＥＳＧ全体をファイナンスの対象とする点だ。ソーシャルファイナンスの課題は、気候変動や環境課題よりも、一般的にハードルは高いと考えられる。貧富の差、人権、宗教、人種、民族等の要因が絡んでくるからだ。新型コロナウイルス感染拡大のようなパンデミック課題も、市場性を確保したサステナブルファイナンスとして位置づけるには、かなりの工夫が求められるだろう。場合によれば、政策との協調体制が必要になる場面もあるかもしれない。英国にはそれらの点に対応できる専門家も少なくないと思われるが、国内規格は整備できても、国際規格化は容易ではない面を含んでいる。

中国がＴＣ３２２の副議長となり、ＩＳＯ１４１００も実質的にＴＣ３２２に組み込むなど、英国と中国が、がっぷり四つに組んでいるのも、実はこのソーシャル課題への対応が理由のようにも思える。勘繰れば、ＥＳＧ要因において中国の最大の弱点である「人権」問題を、規格化作業のなかで最もうまく捌けるのは、「東インド会社」以来の植民地統治や第三国労働者管理等の分野で経験豊かな英国がいまのところ、いちばん信頼できる、と中国は判断しているのではないか。

各国の攻防はさしずめ、ポーカーゲームのようでもある。ＥＵは次章でみるように、タクソノミーを法制化するなど、ＩＳＯよりも強制力のあるサステナブルファイナンスの枠組みづくりに全力をあげている。米国は、バイデン政権に代わって、気候変動対策、サステナブルファイナンス対応を、一気に強化し、ウォールストリートの資本市場を背景として、主導権確保に動く可能性もある。ＥＵから離れつつ、ＥＵ市場を意識する英国、その英国と連携を続ける中国の思惑も、微妙に異なるだろう。呉越同舟か、同床異夢か。各国間の駆け引きは、それぞれが自分の持ち札の「価値」を大きく装いながら、相手のカードに探りを入れるような攻防が続く。

では日本はどうか。日本は２０１９年3月にロンドンで開いたＴＣ３２２第一回会合に、英国や中国のチームよりも多い派遣団を送って、周囲を驚かせた。その後、規格化作業にどれほどコミットしているかが気になる。

日本の存在感

ＩＳＯに加盟するのは、途上国を含めて多くの国では民間のＩＳＯ機関が主だ。だが、日本では経済産業省がメンバー。正確には同省の審議会の『日本産業標準調査会

（ＪＩＳＣ）』がＩＳＯのメンバーに名を連ねているが、ＪＩＳＣは役所の審議会でしかない。戦後復興期以来の役所の権限構造がいまだに温存されたかたちにみえる。先に日本の政策について「途上国型」と指摘したが、今や、途上国でも珍しい構造なのだ。

ＩＳＯでの実務作業は同省所管の一般財団法人日本規格協会（ＪＳＡ）が担い、環境規格を扱うＴＣ２０７関係は一般社団法人産業環境管理協会（ＪＥＭＡＩ）が担当する役割分担だ。両団体ともトップに経産省ＯＢを据えた「経産一家」である。

こうしたＩＳＯの活動に参加して最初に驚いたのが、担当機関に、当該分野の専門家がほとんどいないということだった。ＪＥＭＡＩの場合も担当者は３人。その３人も、それぞれにＴＣ２０７のいくつかの作業チームに参加しており、それ以外のテーマをフォローするのは、物理的にも、専門知識の面でも困難にみえた。通常はそうした場合、民間や学識経験者等に依頼するのだが、わが国では、サステナブルファイナンスの分野の専門家はきわめて限られている。

これに対して、これまでみてきたように、欧州諸国にはテーマごとに、シンクタンク、業界団体、金融機関、ＮＧＯ、役所などの専門家が、入れかわり立ちかわり入ってくる。つまり市場に分厚い人材の層がある。筆者が体験した限りでも、各ＷＧには中央銀行、環境省、財務省等の役人、大手銀行、保険会社、ＮＧＯの活動家等、多様な人材が参加していた。しかも彼らの多くは、所属組織の利害を表面に出すのではなく、「専門家としての発言」にこだわっていた。自らの国の利害をもとに「賛否」を表明する意見は、禁じられるわけではないが、論理性、合理性を欠くと、専門家としての信頼を失う。

日本の場合も、テーマごとに国内委員会を立ち上げて、関係業界や関係省庁等の参加者も含めて意見を調整する場が、時折、設けられる。サステナブルファイナンス分野では、TC207は途中から、TC322は最初から設定された。ただ、基本は担当官庁である経産省の政策のなかでの調整が主だ。「専門家としての発言」も限られていると感じた。またグリーン&サステナブルファイナンス関連の規格は、資金を供給する金融機関を対象とした規格であるのに、資金供給を受ける側の産業・企業を担当する役所の視点が色濃く反映し、方向違いの議論に終始する場面も少なくなかった。

そんななかで、筆者の知る限りだが、1つだけ、思いもかけない日本からの発信に、他国のメンバーが色めき立った場面があった。それは次章で触れる。

（注1） Bridget Boulle, "2013 Overview: the Dawn of an Age of Green Bonds?", Feb 2014 https://www.climatebonds.net/2014/05/2013-overview-dawn-age-green-bonds
（注2） Peter Cripps, "Creating the Green Bond Principles", Environmental Finance, 22 Apr 2014
（注3） ICMA, "Green Bond Principles June 2018" https://www.icmagroup.org/assets/documents/Regulatory/Green-Bonds/Green-Bonds-Principles-June-2018-270520.pdf

（注４）　環境金融研究機構、２０１５年７月15日
https://rief-jp.org/ct4/53408

（注５）　同、２０１５年10月14日
https://rief-jp.org/ct6/55451

（注６）　自然エネルギー財団「中国におけるエネルギー構造転換と自然エネルギーの拡大」２０２０年２月
https://www.renewable-ei.org/pdfdownload/activities/ChinaReport_JP.pdf

（注７）　江夏あかね他「中国のグリーンボンド市場」野村資本市場クォータリー2019 Spring
https://www.nicmr.com/nicmr/report/repo/2019/2019spr04.pdf

（注８）　Ahren Lester, “Chinese green bond standard update a ‘great signal’ to market”. Environmental Finance, Summer 2020

（注９）　CBI, “China Green Bond Market 2019 Research Report”, June 2020
https://www.climatebonds.net/system/tdf/reports/2019_cbi_china_report_en.pdf?file=1&type=node&id=47441&force=0

（注10）　環境省グリーン投資促進のための市場創出・活性化検討会「平成27年グリーン投資促進のための市場創出・活性化検討会報告書～我が国におけるグリーンボンド市場の発展に向けて～」２０１６年３月
http://www.env.go.jp/press/files/jp/102417.pdf

（注11）　Environmental Finance, “Green bond experts rebut GPIF charge they are a ‘lose-lose’ product”, 23 May 2018
https://www.environmental-finance.com/content/news/green-bond-experts-rebut-gpif-charge-they-are-a-lose-lose-product.html

（注12） Torsten Ehlers & Frank Packer, "Green Bond finance and certification", BIS Quarterly Review, Sept 2017
https://www.bis.org/publ/qtrpdf/r_qt1709h.pdf
（注13） 久保田泉「持続可能な発展と衡平性」国立環境研究所、２０１５年12月
https://www.nies.go.jp/kanko/news/34/34-5/34-5-04.html
（注14） ISO, "Proposal for a new field of technical activity"
https://www.jisc.go.jp/international/nwip/tsp274_Sustainable_Finance_Proposal_Final.pdf
（注15） Department for business, Energy & Industrial Strategy, 17 Oct 2020
https://www.gov.uk/government/news/driving-ambition-in-green-finance
（注16） 環境金融研究機構、２０２０年2月1日
https://rief-jp.org/ct6/98811
（注17） BSI, "PAS 7341:2020 Responsible and sustainable investment management. Specification"
https://standardsdevelopment.bsigroup.com/projects/2018-03587#/section

第5章

タクソノミー攻防

ＥＵ・ＴＥＧの登場

この頃、都に流行るもの
ＥＳＧ、ＳＤＧｓ、ＴＣＦＤ――
賢者顔なる伝奏は　我も我もとみゆれとも
巧なりける詐（いつわり）は　愚かなるにや、劣るらむ
遍（あまねく）流行るは、タクソノミー
事新き風情也

（「二条河原の落書」のもじり）

＊　＊　＊　＊

第2章でみたように、ＥＵのサステナブルファイナンス行動計画の基本フレームワークをまとめたのが２０１８年1月のＨＬＥＧ報告だった。同報告の提言の１つが共通サステナブルタクソノミーの設定だ。これ以降、タクソノミー（Taxonomy）の言葉が、ＥＳＧ、非財務、サステナブルファイナンスの世界で、「事新き風情」の流行語となる。

タクソノミーは、もともとは、分類、分類学、分類法などの意味をもつ英単語だ。原義は生物学における生物の分類法、分類学を指す。ＩＴの世界でも、多様な情報やデータなどの分類方法としても使われる。それを、グリーン&サステナブルファイナンスで対象と

なる事業の分類（Classification）に転用するものだ。

サステナブルファイナンスの世界でけ、このように他の分野で使われている手法や方法論を活用することが少なくない。ＥＳＧなどの非財務要因は不確実性を含み、定量化が困難という特徴がある。しかし、その存在が企業価値に影響を及ぼすため、１つの手法として、ある程度の目安を示す近似値や代替値等での表現が活用される。ＧＨＧ削減の経済的価値を示すカーボン・クレジットはその１つだし、信用格付を模したＥＳＧ格付、財務会計で将来の環境債務を推計する資産除去債務（ＡＲＯ）等もそれらにカウントされる。タクソノミーの考え方は、リスト化された事業分類に合致すれば、その事業は「グリーン」だと、みんなで認めようという簡便法であると先に指摘した。

つまり、各事業からのＧＨＧ排出量や、その温暖化や環境への影響の寄与度等を正確に測定せずとも、太陽光発電、風力発電、省エネ事業等といった事業分類（タクソノミー）に合致すれば、「グリーン性」の評価は適合とみなされるとの考えだ。事業者からすれば、リスト化されたタクソノミーに該当する事業であれば、それ以上、自らグリーン性の証明にコストをかける必要はなく、後は事業性に集中すればいいことになる。

ところが、これを日本等では勘違いする向きが多い。タクソノミーに当てはまらないとファイナンスが回らなくなるとか、グリーン定義が硬直的すぎるといった懸念の眼差しを向けたりする。前章でみたようにＩＳＯ１４０３０の規格化作業でも、最終的にタクソノミーの扱いが論点となった。

たしかに、タクソノミーが恣意的に設定されて、特定の事業が排除されたりすると、本来はグリーンな事業なのに、その事業にＥＳＧ投資等の資金が回らないリスクはある。国によっては自国の事情を考慮したタクソノミーづくりを目指すところもある。自国のエネルギー資源維持を重視するカナダやマレーシア等だ。ただ、とりわけ気候変動問題は、国別課題ではなく、グローバル課題である。国によってグリーン性評価に違いがあり、グリーンファイナンスに国境が築かれると、資金の流れは遮断され、ＥＳＧ要因を評価する非財務市場全体に十分な資金が流れ込みにくくなるおそれが出てくる。何よりも地球温暖化に関連する事業の場合は、その影響はグローバルに及んでいるのに、対象事業を国別基準で選別していると衡平性を損なうリスクが高まる。

ＥＵがサステナブルファイナンス行動計画で、域内共通のタクソノミーを設定するのはそうした共通性を確保するためであり、前章でみたように、中国のグリーンボンドガイドラインをめぐって、ＥＵが中国と長く調整作業を続けてきたのも、そのためである。タクソノミーの共通基準という基本的な性格から、ＥＵはさらに国際基準化を目指しており、ＩＳＯでの攻防もその１つに位置づけられてきた。

“TEG”な人たち

すでにみたように、欧州委員会はタクソノミーの開発等を提言したHLEGの最終報告を受け、2018年6月、タクソノミー等を具体化する技術専門家グループ（TEG）を立ち上げた。TEGの委員はHLEGの20人から、35人に拡大された。英国勢が目立ったHLEGとは異なり、TEGには英国籍の専門家は含まれていない。ただ、ロンドンのシティで活躍するサステナブルファイナンスの専門家は少なからず参加した。

その1人が責任投資原則（PRI）の最高責任投資責任者（CRIO）のネイサン・ファビアン（Nathan Fabian）だ。TEGのタクソノミーグループのレポーター（スポークスマン）の役割を果たす。ファビアンは、その後、2020年10月にTEGの作業等を集合するかたちで発足した「プラットフォーム・オン・サステナブルファイナンス（PSF）」の議長も務めるなど、EUのサステナブルファイナンス戦略を主導する役割を担っていく。

ファビアンは2015年に、オーストラリア、ニュージーランドの機関投資家で構成するInvestor Group on Climate Change（IGCC）のCEOから英国のPRIに転じた。2018年にはCRIOに昇格。PRIの中心人物の1人でもある。ロンドン、シドニー両市場の責任投資を熟知している。

TEGのベンチマーク担当のレポーターを務めたのは、ブルガリア出身でRefinitivのエレナ・フィルポヴァ（Elena Philipova）。英国メディアのThomson Reutersで長いキャリアを積んだほか、ESGアナリストの経験もある。グリーンボンド基準グループのレポーターは、フィンランド出身でノルディア銀行のサステナビリティ担当エグゼクティブ・アドバイザーであるアイラ・アホ（Aila Aho）の担当だ。グリーンボンドのグループには、国際資本市場協会（ICMA）のシニアディレクターのニコラス・プファ（Nicolas Pfaff）と、CBIの代表、ショーン・キドニーも参加した。CBIは英国の非営利団体だが、キドニーはオーストラリア出身でHLEGから引き続いての参加だ。ただ、メンバーの主流はフランス勢に移っていた。

GBP創設にかかわった仏クレディアグリコルCIBのグリーン&サステナブルファイナンス専門家のタングイ・クラキン、ICMAのプファ、Mirovaのマヌエル・コエスリエ（Manuel Coeslier）ら7人を数える。人数が多いだけではない。金融専門家とともに、NGOの仏WWFやCarbone4などのサステナビリティ重視の規範派も参加した。彼らの存在は、タクソノミーの適用をめぐる産業界との綱引きが起きた際、TEGが基本原則を崩さない支え役になったとの評価の一方で、EUタクソノミーを厳格化し過ぎるとの批判もある。

TEGのタクソノミーを考える際、主要メンバーの35人以外に、サポートメンバーが報告書に開示されているだけで、73人いる。このうち、多いのは欧州投資銀行（ＥＩＢ）19人、欧州環境庁（ＥＥＡ）12人、その次に数が多いＣＢＩが6人だから、ＥＩＢとＥＥＡの力の入れ方がわかる。両機関に欧州中央銀行（ＥＣＢ）や欧州復興開発銀行（ＥＢＲＤ）などの欧州機関のメンバーを加えると過半を上回る。「ユーロクラット」と呼ばれるＥＵの官僚機構が総がかりでタクソノミーづくりを支援してきたわけだ。

もう1人、見逃せない人物がいる。ＴＥＧ35人に名を連ねたのが、カーティス・ラベネルだ。第3章のＴＣＦＤの紹介で取り上げた、マイケル・ブルームバーグの右腕と目される人物だ。米国人だがグローバル情報機関であるブルームバーグ社の一員として別の担当者と交互に目を光らせていた。ＥＵのサステナブルファイナンスづくりの中枢の部分にも、米国の姿が、否、ウォールストリートの一員が入り込んでいたのだ。

ＥＵタクソノミーの構造

ＴＥＧが結成から1年後の２０１９年6月に公表したサステナブルファイナンス行動計画の原案は、タクソノミーの具体化策とともに、ＥＵグリーンボンド基準、気候・ＥＳＧのベンチマークの3分野にわたるものだった。このうち中心になるタクソノミー案については、市場の意見を吸収したうえで、２０２０年3月に最終報告を提示した（注1）。

ＴＥＧが示したタクソノミー・フレームワークの概要は次のようになる。第一弾として

図表5-1 EUグリーンタクソノミー（気候緩和分野）の対象事業

林業	・植林、森林のリハビリテーション・回復、森林再生、現状の森林管理、森林保全
農業	・多年生穀物の生育、非多年生穀物の生育、畜産業
製造業	・低炭素技術製造業、セメント製造業、アルミニウム製造業、製鉄・鉄鋼業、水素製造業、その他の無機塩基性化学物質製造業、その他の有機塩基性化学物質製造業、肥料・窒素化合物製造業、プラスチック一次製品製造業
電気、ガス、蒸気、空調供給	・PV型太陽光発電事業、集光型太陽光発電事業、風力発電事業、海洋エネルギー発電事業、水力発電事業、地熱発電事業、ガス燃焼発電事業（天然ガスに限らず）、バイオエネルギー発電事業（バイオマス・バイオガス・バイオ燃料）、送配電事業、蓄電事業、熱エネルギー貯蔵、水素貯蔵、バイオマス・バイオガス・バイオ燃料製造、ガス輸送・配送ネットワーク改造、地域冷暖房供給、電気ヒートポンプの設置・操業、集光型太陽光発電利用コジェネレーション事業、地熱エネルギー利用コジェネレーション事業、ガス燃焼発電利用コジェネレーション事業、バイオエネルギー利用コジェネレーション事業、集光型太陽光からの冷暖房製造、地熱エネルギーからの冷暖房製造、ガス燃焼からの冷暖房製造、バイオエネルギーからの冷暖房製造、廃棄物熱利用の冷暖房製造
上水、下水、廃棄物、CO_2回収	・上水集水・処理・供給業、集中型排水処理システム、下水汚泥の嫌気性消化事業、分別収集による非危険性廃棄物の回収・輸送、バイオ廃棄物の嫌気性消化事業、バイオ廃棄物の堆肥化、非危険性廃棄物からの資源回収、埋め立てガスからのガス回収とエネルギー利用、CO_2の大気からの直接回収、人類由来の排出CO_2回収、回収したCO_2の輸送、回収したCO_2の永久貯留事業
輸送業、倉庫業	・旅客鉄道輸送（都市間）、貨物鉄道輸送、都市公共輸送、低炭素輸送インフラ、乗用自動車・商用自動車、道路利用の貨物輸送サービス、都市間の定期道路輸送、内陸旅客水路輸送、内陸貨物水路輸送、低炭素輸送のための水路インフラ
情報通信	データ処理・ホスティング・関連活動、温室効果ガス削減のデータ主導ソリューション
建設・不動産業	新規ビルディング建設、既存ビルディングのリノベーション、個別の対応策とプロフェッショナルサービス、合併と保有

（出所） European Commission Taxonomy Report Technical Annex, March 2020より

開示された気候緩和策では、8セクター71業種・活動の事業を列挙した（図表5－1）。もう1つの気候適応策は9セクター69業種・活動。さらに他の環境分野として、①水資源と海洋資源のサステナブルな使用と保護、②サーキュラーエコノミー、廃棄物防止、リサイクルへの移行、③汚染防止・抑止、④健全なエコシステムの保護、の4分野についても、同様にタクソノミーを開発し、合計6分野のタクソノミーを設定する。追加の4分野のタクソノミーについては、2021年12月末までに完成させる予定だ。

単に対象事業が、タクソノミーに該当すればいいだけではない。対象となる経済活動が「環境的にサステナブル」と認定されるには、次の4要件をすべて満たす必要がある。

①　6つの環境目標のうち少なくとも1つ以上を対象とし、それに実質的に貢献する

②　他の環境目標に重大な損害をもたらさない（DNSH原則）。他の環境目標は前述の6つの環境目標を相互に対象とする

③　OECDの多国籍企業行動指針、国連のビジネスと人権に関する指導原則、労働における基本的原則および権利に関する国際労働機関（ILO）宣言などに準拠すること（SとGに関する最低限のセーフガードの規定）

④　科学的根拠に基づく一定の技術スクリーニング基準（Technical Screening Criteria：TSC）に準拠する

これらに加えて、タクソノミーの対象となる経済活動の区分も示した。

1つは、「Own performance」。企業の経済活動そのものが前述の6つの環境目標のどれかに実質的に貢献する活動を指す。たとえば、太陽光や風力などの再エネ事業を自ら手がける等のケースだ。2つ目は「Enabling activity」。対象となる環境目標のどれかに実質的に貢献できる経済活動を支援する事業活動。たとえば、風力発電の風車やナセル等の製造事業や、太陽光発電のパネル等の製造事業等が該当する。

2019年6月の中間報告では、もう1つ、「Transition activity」として、技術的あるいは資本的な理由でタクソノミーを満たせないが、閾値（いきち）を設けて、GHG排出量を一定期間のうちに実質ゼロに近づける経済活動も含めるとしていた。ただ、この分類が2020年3月の最終報告では、「経済活動における改良手段（Improvement measures within an economic activities）」に変わり、補完的な位置に下がった。タクソノミーの対象にはなるが、経済事業全体の転換と、一部改良との違いを示したかたちだ。

タクソノミーで示された気候関連の経済活動は特定のクライテリアを満たすとともに、他の環境要因に影響を及ぼさず、人権等への影響も考慮する。GHGさえ削減すればいいわけではないのだ。前章のISO14030のパート3のタクソノミー基準の攻防で出た欧州諸国からの「反対票」は、こうした規定が厳し過ぎるとの立場と、こうした規定を厳格に守るべきとの立場が混在していた。

ガスと原発でのタクソノミー攻防

気候緩和策だけで、8セクター71業種・活動に及ぶグリーンタクソノミー。その対象に選ばれないと、グリーン性が認められなくなるので、関連業界や企業にとってリスト入りできるかどうかはきわめて重要になるのは間違いない。中間報告から最終報告にかけての、欧州委員会と欧州の業界団体等の駆け引きで主要な焦点となったのが、天然ガスと原子力発電の扱いだった。

石炭火力発電等では、日本では経産省や経団連が、超々臨界圧石炭火力発電事業（USC）や石炭ガス化複合発電事業等を「高効率」として温暖化対策に資するとの議論をいまも展開している。だが、EUではそんな議論はとっくに終わっている。実際にUSCは天然ガス火力よりもCO_2排出量は2倍も多く、「高効率」といえない。TEG最終報告では、「固形化石燃料を使う発電事業は環境的にサステナブルな経済活動とは考えられない」と明確に指摘した。固形化石燃料とは、石炭、タールサンド等が該当する。

天然ガスは、化石燃料だが気体であり、火力発電に利用した場合のCO_2排出量は石炭等よりは少ない。こうした条件から、EUタクソノミーには記載されている。だが条件は厳しい。1キロワット時当りCO_2換算で100グラム以下のCO_2排出とし、さらに2050年までに0グラムとなるよう、5年ごとに削減する「改良手段」を付した。石炭火力よりもCO_2排出量は少ないが、CO_2を排出する化石燃料に変わりはない。石炭火力にかわって建設が進むことで、CO_2排出量増大につながるリスクを抱えている。

もう1つの焦点の原発については、中間報告の段階からタクソノミーには記載されていない。原発については操業時のCO_2排出量がゼロになることから、原発産業や関連企業から「クリーンエネルギー」としてタクソノミーに含めることを求めるロビー活動が展開された。しかし、TEGではCO_2排出量の問題ではなく、使用済核燃料の最終処分問題が解決していないことを重視、DNSH原則に抵触するとの判断に立って除外した。原発はサーキュラーエコノミーに該当しないのだ。

この2つのテーマは、EU内での「脱石炭」後のエネルギーの柱をどうするかという基本的な議論とつながっている。2050年カーボンニュートラルを実現するうえで、再生可能エネルギーの普及が柱になるものの、石炭依存度の高い東欧諸国等では、再エネ転換だけでは目標達成は困難との見方は消えていない。脱石炭を進めながら、天然ガスと原発をどう補完的に扱うか、という議論はEUでも続きそうだ。

独仏の攻防？

もう少し穿った見方をすれば、天然ガスと原発については、EUの盟主である独仏両国のエネルギー政策での綱引きを反映した論点ともいえる。ドイツは、脱原発・脱石炭を政治宣言している。すでに再エネ比率も50％に近づいている。だが、エネルギーの安定確保の観点から、水素エネルギーの実用化が見込めるまでは、天然ガスの活用を手放せない。

一方のフランスは原発77％という原発依存国だ。さすがにこちらも安全性確保のため50％への削減（２０３５年）を掲げるが、原発が主流である構造に変わりはない。同時に脱石炭を進める東欧諸国向けに原発輸出を推進したい。それには発電時にCO_2を排出しない原発をサステナブルファイナンスのタクソノミー対象に加えることが望ましい。ＥＵの原発団体Foratomや、原子力産業の世界団体の世界原子力協会（ＷＮＡ）なども、「クリーンエネルギー・キャンペーン」を展開した。

２０１９年9月、原発派の攻勢が効いたのか、欧州閣僚理事会は一時、原発をタクソノミーに含めることで合意、ＴＥＧは路線変更を求められる形勢となった。だが、攻防は簡単には収まらなかった。ＥＵ内ではドイツが脱原発であるほか、オーストリア、ルクセンブルク等も反原発を旗幟鮮明にしている。原発をサステナブルな事業と認定すると、これらの国の脱原発政策は修正を迫られかねず、政治的リスクを引き起こす可能性もある。

ＴＥＧ自体も、サステナブルファイナンスの最先端の専門家グループとしてのプライドがある。ＴＥＧ内では理念・規範派の声が強いことも指摘した。日本の役所の審議会とは違うのだ。攻防の詳細なところは把握しきれないが、水面下の駆け引きの結果、天然ガス発電はそのまま、原発も「復権」せず、と中間報告どおりの最終報告となった。

欧州閣僚理事会と欧州議会は、タクソノミーをEU共通の規則として導入することで合意、2020年4月、タクソノミー規則（Taxonomy Regulation：TR）が正式に成立した。グリーン&サステナビリティ事業を分類、リスト化するフレームワークの法制化は世界で初めてだ。だが、EU域内の駆け引きは完全には決着していなかった。

欧州委員会は2020年11月、TRに基づいて、気候変動分野のサステナブルな経済活動を分類する法案（Delegated Act）を公表した。法案は天然ガスについて、TEGが示したCO_2排出量1キロワット時当たり100グラム以下の基準と、5年ごとに削減する「改良手段」のうち、後者を削除するなどの修正を加えた。EU各加盟国の事情をふまえた欧州委員会ユーロクラットの配慮とみられる。

同法案がそのまま認められるかは21年の課題の1つだ。EUも「2050年ネットゼロ」を目指すうえで、「脱石炭」を何によって代替し、それを誰がファイナンスするのか、という課題を抱えているわけだ。2020年12月のEU首脳会議はタクソノミー議論を超える「政治の意思」を示すかたちで、この問題に1つの方向性を示した。

首脳会議では、2030年の55%削減目標で合意するとともに、議長国のドイツの提唱によって、加盟国の国内のエネルギー・発電構成について、「ガスのような移行技術を含めて、最も適切な技術を選ぶ権利を尊重する」とした。天然ガスについて、タクソノミーとは別に、各国がエネルギー政策としての活用を認める趣旨だ。自国の移行期のエネルギーの確保を重視するドイツ首相のメルケルの政治手腕が、欧州委員会等の議論を抑えて発揮された格好だ。第2章で、ドイツはサステナブルファイナンスで出遅れたと指摘する一方で、欧州委員長の座を抑えたことの重みを示唆したが、その成果が表れたともいえる。

バイデン米政権による影響は

もっとも天然ガスと原発をめぐる攻防は、タクソノミーをグローバル基準化する将来の展開において、あらためて議論を巻き起こす可能性がある。それは米国の存在だ。トランプ政権下では、米国は国際的な気候変動対策およびサステナブルファイナンス市場づくりの枠外にあった。したがって、ＴＣＦＤ等でも米国のサステナビリティ派は「見えないかたち」でのコミットメントに終始してきたことを指摘した。

バイデン政権になると、気候変動対策では基本的に米欧協調が期待される。一方で、天然ガスや原発は、米国において主要なエネルギー源であるのも間違いない。トランプ政権が力を入れた石炭復権は、シェールガス　同石油との価格競争において挫折した。火力発電については、石炭からガスへの燃料転換が進んでいるためだ。原発について、一時は米国内でも安全対策によるコストアップによって、新規建設はほとんど止まっていた。

その間に、途上国向け等の海外市場は、ロシアや中国等のコストの安い原発に市場を奪われてしまった。そこで米エネルギー省（DOE）は2014年から小型モジュール原発（SMR）の開発・建設を進めている。SMRは通常の原発の3分の1程度の規模で、その分、安全対策を含めてコストを抑えることができる。

2020年9月、米原子力規制委員会（NRC）は、ユタ州で開発中のSMRに対し、設計段階の安全認証を付与した。米NRCがSMRに設計認証を出したのは初めて。ユタ州でのSMRは韓国メーカーが中核部分の小型原子炉やタービンなどを担当するが、米原発産業はSMRを海外戦略の中心に据えている。欧州市場でもポーランド等への原発輸出を目指している。米国自体、原発の使用済核燃料の最終処分場は決まっていない。だが、原発の安全性に対する国民感情は、日本や欧州ほど敏感ではない。

世界三大原発事故の1つである1979年3月の米国スリーマイル島原発事故は、原子炉冷却材喪失によって原子炉が炉心溶融を起こした過酷事故だった。しかし、事故から40年以上が経過した現在、米国内ではSMRや第4世代原発への技術開発に期待が高まっている。気候変動対策におけるビジネス派の視点ともいえる。原発を「気候緩和策」に位置づける視点は、菅首相の「2050年ネットゼロ」宣言にも盛り込まれている（注2）。

日本の産業界のロビー活動

EUのタクソノミー攻防で別途、目を引いたのが、日本の産業界の「活躍」である。

EUの提案は内外にオープンにされており、コンサルテーションでは国籍を問わず広く意見を求める。したがって日本からの意見表明もむしろ歓迎されたともいえる。だが、その意見の内容、方向性が、提案された案の趣旨をよく理解せず、「反対のための反対」のようなものになっていたとすれば、どうか。

経団連が2019年9月に公表した意見書はその種の類といえる。「サステナブルファイナンスをめぐる動向に対する課題認識」と題したペーパー（注3）は、経団連環境安全委員会地球環境部会・国際環境戦略ワーキンググループの名で書かれている。要点は3つ。タクソノミー基準化では、①「サステナブル」の判断は環境側面だけではなく、総合評価に立脚すべき、②民主導の非連続的なイノベーションを阻害してはならない、③拙速な国際標準化や国際金融規制への活用に反対――というものだ。

同提案に対するEU側の反応がどうだったかは個々の意見への回答を公開していないので、推察する以外にない。ただ、両者の立場、意見を比較すると、明らかに経団連の意見はよくいえば「誤解」、悪くいえば「よくわかっていないな」と思える。

まず①。第1章でみたように、企業価値のとらえ方には、トリプルボトムライン（TBL）のように、財務要因と、環境・社会の非財務要因を統合評価しようという考え方が1つある。これに対して、温暖化問題や生物多様性、廃棄物問題等で問われているサステナビリティの考え方は、企業本体の経営力の持続可能性そのものではなく、企業活動が環境・社会の持続可能性に及ぼす影響をとらえて企業に対応を求めるものだ。第2章でみた「グリーンスワン」への対処ともいえる。

経団連の「総合評価論」は、企業が環境に負荷を与えていても、経済面で貢献している、収益をあげている、だからそのメリットと相殺すればいいとか、企業のESG対応はほどほどにして、企業の経済価値を高めればいい、といっているようにも読める。そうした論理は、かつて産業公害を起こした時の経営判断と同じである。

環境・社会のサステナビリティ要因は、不確実性を伴い、定量評価（価格化）が容易ではない。このため、多様な代替法、近似値などを活用して非財務要因を条件付きで財務評価する手法が必要で、その1つの簡便法がタクソノミーだ、と先に指摘した。環境・社会のサステナビリティを企業の現状の財務評価の範囲でしかみようとしない経団連の見解はTBLの本来のスタンスともかけ離れている。

②の「民主導の非連続的なイノベーションを阻害してはならない」というのは、経産省等が好んで使うフレーズだ。シュンペーターを持ち出さなくとも、イノベーションによる改革は非連続に展開する。EUのタクソノミーも、フレームワークこそ法的な規則としたが、個々のタクソノミー項目は新たなイノベーションが見つかれば、当然、反映・改定されるものであり、「非連続的なイノベーション」は基本に置かれているとみるべきだろう。さらに、タクソノミーの設定こそがイノベーションを喚起するものなのだ。

たとえば、タクソノミーのリストが示されると、事業者の間では、対象事業の分野において、タクソノミーよりも、より低コスト、より高効率な技術開発へのインセンティブが生まれる。示されたタクソノミーの基準を上回ることで、より多くの利益を得られるためだ。そうしたイノベーションへのインセンティブを喚起するのが、タクソノミーの1つの役割なのだ。つまりタクソノミーによって非連続的イノベーションが喚起されるわけだ。それを逆に読んで懸念するのは、「わかっていない」となる。

③の「拙速な国際標準化や国際金融規制への活用に反対」という点では、経団連はEUのみならずISOのグリーンファイナンス関連規格も名指しで「反対」している。何をもって「拙速」とするのかは議論が分かれるが、グローバル経済社会では国際的に通用する一種の国際規範や共通ルールが、いままさに、求められている。国別や地域別の基準こそが、グローバルな人、モノ、カネの流れを阻害する。

サステナビリティやSDGs、パリ協定等に共通するのは、いずれも非財務要因を土台とした国際的テーマである。だからこそ、不確実性を極力減少させる共通化、規格化、ルール化が求められている。「拙速」はもちろん困るが、気候変動や貧富の格差拡大、パンデミックの蔓延等のなかで、「迅速」に、「早急」に、サステナブルファイナンスの共通基準が求められているのだ。「国際標準化に反対」という経団連の主張は、本章の後半でみる「トランジション（移行）ファイナンス」において、経産省が打ち出した国別基準化の路線と共鳴する。

ＥＵタクソノミーへの日本からの反対表明は経団連だけではなかった。欧州の情報シンクタンク「InfluenceMap（ＩＭ）」の分析によると、タクソノミーへのロビー活動を展開した日本の業界団体は経団連のほか、日本化学工業協会（ＪＣＩＡ）、全国銀行協会、日本ガス協会、日本鉄鋼連盟、日本電機工業会（ＪＥＭＡ）、石炭エネルギーセンター（ＪＣＯＡＬ）、在欧日系ビジネス協議会（ＪＢＣＥ）の8団体。ＪＢＣＥ以外の業界団体はいずれも経団連の加盟団体でもある（注4）。つまり、経団連の意見書を受けて、傘下の団体が一斉に「ＥＵ詣で」をしたことになる。

各業界団体は経団連の号令のもとで動いた側面と、ＥＵ内の同業の業界団体との連携の面もあったようだ。

浮上したブラウン課題

先にタクソノミーの対象となる経済事業が、ＴＥＧの中間報告と最終報告で微妙に変わった点を紹介した。「Own performance」と「Enabling activity」に加えて、中間報告では「Transition activity」を加えた3分類だったのが、最終報告では、「Transition」が「Improvement measures within an economic activities」に変わり、前者2つの補完的な位置になった。新たに強調されたのが、炭素集約などの環境に有害な影響を及ぼす経済活動（Environmentally harmful economic activity）だ。

　報告は、これらの経済活動を特定するためのブラウンクライテリアを設けたうえで、タクソノミーの対象となる経済活動を、環境に実質的貢献をするグリーンと、逆に環境に悪影響を与えるブラウン（あるいは「赤信号」のレッドか（注5））、それらの中間（グレー?）に3分類する考えを示した。このうち、ブラウンとなる環境負荷の高い経済活動や事業を行う企業は、ブラウン事業をグリーン化するための新たなファイナンスを得ることで、環境負荷を改善するトランジション（移行）に向かうとした。TEG報告はこうした考えを示したが、ブラウンタクソノミーの詳細には触れていない。市場に問うた恰好だ。

　ここで、グリーン&サステナブル・タクソノミーとは別に、ブラウン事業をグリーン化するトランジションの重要さに脚光を当てたことは間違いない。

　フランスの気候シンクタンクの「2°II」は、調達資金使途（Use of Proceeds：UoP）を投資家に示すグリーンボンドの限界を指摘している（注6）。UoP型のグリーンボンドは現在、市場の主流だ。だが、同ボンドを発行する事業者にとって、対象となるグリーン事業は、実際には一般社債と同様に事業者のバランスシートに計上されたままであり、発行体は次第にグリーン事業のスケールアップをしづらい状況になる。

　ボンド発行体にとってのインセンティブは、先に紹介した国際決済銀行（BIS）の分析でも示されているように、投資家から「グリーンプレミアム（投資家のESG投資に貢献するので低利で調達できる）」を得ることにある。ただ、このプレミアムは、投資家の投資リターンの範囲内という限界がある。これらのことから、2°Ⅱは「熱気球（Hot Balloon）で上昇しても月には行けないように、現行のグリーンボンド発行だけでは、気候リスクを抑え、地球の環境負荷を制御するに十分なグリーン&サステナブル投資をまかないきれない」と指摘している。彼らは代替案として資産リスクを投資家が負う資産担保証券（ABS）タイプのグリーンボンド、あるいはすべてのボンドにグリーン&サステナブルな評価を求めるなどの代替案を提案している。

この指摘は説得力がある。現行のグリーンボンド市場は年間発行額で2500億ドル（約26兆3000億円：2019年実績）規模にまで成長している。しかし、それはたかだか、世界全体の債券市場の2%前後でしかない。一般の債券で調達された資金は特にグリーンな使途に流れるわけではない。OECDによると、世界のインフラを近代化し、クリーンでスマートにするには2016年から2030年にかけて年間6・3兆ドル（約662兆円）の投資が必要としている（注7）。

そう考えると、グリーンボンドを積み上げるだけではたしかに「月」には届かない。ただ、すべての事業を新規のグリーン事業とし、その資金をすべてグリーンファイナンスでまかなわなくてもいいはずだ。むしろ、旧来タイプのインフラやブラウン事業を「リフォーム」してグリーンに移行させれば、投資資金、事業運営の両方の効率性をより高める効果が期待できる。現状は、グリーン市場よりも、旧来型のエネルギー多消費、環境高負荷型の産業・企業の市場のほうがはるかに大きい。そう考えると、その改善効果はグリーン投資よりも大きいはずだ。

「ブラウン市場」の効率的なグリーン化を推進できれば、事業者にとっても、投資家にとっても、win-winの市場づくりにつながる。ただ、リスクもある。ブラウンファイナンスのはずが、結局は現状の炭素集約型、環境高付加型産業・企業の温存のために資金を提供してしまいかねないリスクだ。グリーンウオッシュならぬ、「トランジションウオッシュ（移行ウオッシュ（トランジションを標榜しながら、実際には現行の事業形態維持のため調達資金を活用すること）」の懸念がある。そうなると、トランジションは誰かの指摘のように「lose-lose」になってしまう。TEG最終報告もその点に警鐘を鳴らしている。

反対に、明確なブラウンタクソノミーを設定して、移行ファイナンスを進めることができれば、サステナブルファイナンス市場は現状以上に拡大できる期待もある。トランジションファイナンス投資は投資家にとって、ESG効果を倍増させる（ブラウンを減じ、グリーンを増やすことの両方にコミットする意味で）。金融市場ではすでに、ブラウン事業をグリーン事業に移行させるトランジションファイナンスが動き出している。

市場で先行する移行ボンド

２０１７年７月。香港のＣＬＰホールディングス傘下のキャッスル・ピーク・パワー（ＣＡＰＣＯ）のファイナンス会社が初のエネルギー・トランジションボンド（期間10年）を発行した。既存の石炭火力発電所をコンバインドサイクルガス発電所に転換する「移行」のファイナンスだ。香港は土地が狭く太陽光発電のような再生可能エネルギー発電に適さない。このため、「石炭火力⇒ガス火力」の移行へのファイナンスだった。

その後も試行的な試みが相次いだ。２０１９年２月、イタリアのガス大手スナム（Snam）が２０２５年までにメタン排出量を25％削減するため、バイオメタン事業や省エネ等のための資金調達で、５億ユーロの「気候アクションボンド」を発行。２０１９年７月にブラジルの食肉大手、マーフリック・グローバル・フーズが、アマゾン・バイオーム（生態群系）地域の肉牛購入資金調達で5億ドルの「サステナブルトランジションボンド」を発行。同年10月から12月にかけて欧州復興開発銀行（ＥＢＲＤ）が化石燃料依存度の高いセクターの低炭素化事業への資金調達で、グリーントランジションボンドを３本合計６億２５００万ユーロ発行。２０２０年３月に英ガス大手カデントがガス送配送網整備等で5億ユーロのトランジションボンドを発行――。

このうち、香港、イタリア、英国の3件はノルウェーのＥＳＧ評価機関のＤＮＶ ＧＬが、セカンドオピニオンを付与した。ＥＳＧ債評価会社の競争が高まるなか、ＤＮＶ ＧＬはいち早く、トランジションボンドに目をつけ、同分野の市場開拓を手がけたようだ。トランジションボンドの場合、グリーンボンド原則（ＧＢＰ）のような市場で認められた適合基準がまだ開発されていなかった。そこでＤＮＶ ＧＬはＧＢＰを自ら準用するかたちで各ボンドを評価した。

しかし、すでに指摘したように、一定のタクソノミーが整備されているグリーンファイナンスとは異なり、トランジションファイナンスの場合、ブラウンからグリーンへの転換をどうみるか、何をもって移行の始まりとし、移行の着地とするか等、グリーンファイナンス以上に不確実な要素を抱える。英国のＣＢＩは、市場で先行的に発行されたトランジションボンドのいずれにも、移行後のグリーン性は認められないとして、同団体のグリーンボンド・データベースには取り入れていない。

そうしたなか、仏資産運用会社のアクサ・インベストメント・マネージャーズ（AXA Investment Managers：AXA IM）が２０１９年６月、独自のトランジションボンド・ガイドラインを公表した（注８）。ＡＸＡ ＩＭは、グリーンボンドの資金使途はグリーン事業をファイナンスすることだが、市場では、そうしたグリーン事業のレベルに達していない企業・事業を改善する必要性と、投資家がそうした事業に参入することの間には大きなギャップがある、と指摘している（注９）。

ガイドラインは基本的にグリーンボンドのＧＢＰをモデルとしている。その開発は、ＡＸＡ　ＩＭロンドン拠点でESG Research and Active Ownership部門の責任者を務める高月擁（Yo Takatsuki）らが主導した。高月は朝日新聞やＢＢＣ等を経て、サステナブルファイナンスの世界に転じた。

トランジションは日本の提案？

トランジションボンドや同ファイナンスをめぐっては、ＡＸＡの高月だけでなく、日本の組織、日本人等の動きも垣間みえてくる。ＥＵのタクソノミー構築の動きが、脱石炭を加速させることを懸念して、経団連等が反対の論陣を展開したことは先にみた。筆者が、ＥＵと並行してグリーンファイナンスの基準づくりを進めるＩＳＯの作業にかかわっていた際、ＩＳＯを所管する経産省の関係者と再三、意見交換を重ねたことがある。

前章の最後で暗示した点だ。実は、ＩＳＯの専門家会合でグリーンボンド・タクソノミーの扱いを議論していた際、いつもは石炭火力を重視する発言をしてきた日本のメンバーが、タクソノミーの議論として「トランジション」を含める提案をしたのである。ＩＳＯの専門委員はそれぞれの専門判断で自由に意見を開陳できる。その提案自体もその委員の持論だったのかもしれない。同時に、経産省の関係者が会合の前に「トランジション」に妙に執着していたことを思い出した。

トランジションはブラウンからグリーンへの転換を意味するので、まず、石炭事業等の炭素集約産業を「ブラウン事業」と認めるブラウンタクソノミーを設定する必要がある。筆者は脱石炭を基本的に支持するので、そうした分類を明確にするのは望ましいアプローチと考える。だが、これまで石炭火力死守の姿勢をとってきたはずの経産省がどうしてそれを支持するのだろうか。そこで、同様の考えを示していた経産省担当者に、まさか大政策転換か、と聞き直した。

彼らの言い分はこうだった。石炭火力でも超々臨界圧石炭火力発電事業（ＵＳＣ）などの高効率なものを移行技術ととらえれば、途上国等の低炭素化を進めるトランジション事業に活用するお墨付きを得られるはずと。すでに経産省の支援によってアジア諸国でのＵＳＣ輸出事業がいくつか進んでいる。だが、現地で反対運動等に直面しているものが少なくない。そんななかで、ＵＳＣをグリーンへのトランジション事業としてＩＳＯ規格に盛り込めれば、大手を振ってＵＳＣ輸出を推進できる、との発想のようだった。先にみたＥＵのＴＥＧの中間報告段階の「Transition activity」を、より緩やかにするイメージだ。

ＩＳＯの会合で日本の委員が「トランジション支持」を表明してからほどなくして、フランスのＩＳＯ委員からメールが届いた。「日本の提案は大歓迎だ」との内容だった。当時、ＥＵのＴＥＧ内部等ではトランジションの扱いをどこまで深めるかという議論が続いていたのだ。そこに脱炭素に消極的とみられてきた日本がトランジションをタクソノミーに加える「強い要請」をしたことで、トランジション重視派は意を強くしたようだ。日本は石炭火力だけでなく、多くのブラウン産業を抱えている。これらを一気にグリーン化させる政策転換にいよいよ踏み切るのか。それならば、EUも負けてはいられない、とトランジションファイナンスの議論に拍車をかけたかもしれない。

トランジションファイナンス研究会

筆者はISOのWGメンバーとして、WDへのタクソノミー導入に賛成票を投じた。一方で、トランジションファイナンスについては基準化の必要性はあるが、現行のグリーンボンド・負債性商品規格の議論とは分けるべきと考えていた。ただ、ISOの議論で筆者がタクソノミー賛成を明確にしたことで、タクソノミーの規格化阻止の方針を鮮明にしていた経産省等の路線と食い違うことになった。TC207担当の産業環境管理協会からは、CD段階になると、各委員会会合への出席差止め等の制限を受けた。

先に紹介したトランジションの扱いで、日本の姿勢の混乱が表面化したが、経産省の基本的な立場は先の経団連意見のように「現行のタクソノミーを国際標準化し、世界各国に画一的に適用することは、途上国を含む世界の持続的発展を妨げるおそれがあり強く反対する」と同じだと感じた。そこで、このままだと、経産省が国内版のトランジション規格を制定して、国内の炭素集約型産業を温存する可能性があると危惧するようになった。

図表５－２　トランジションファイナンス研究会の「ガイダンス」による移行事業の分類

	A-Type	C-Type
評価軸	資金使途先事業の適合性	炭素集約・環境負荷改善の重要業績指標（KPI）
対象タクソノミー	１）石炭火力発電⇒第一段階「天然ガス、バイオマス発電への燃料転換」⇒第二段階「CCS、CCU」の付与⇒「ネット・ゼロ」(亜臨界圧石炭火力や超臨界圧石炭火力等から超々臨界圧石炭火力への設備転換は、削減効果が限定的、事業のライフサイクルでロックイン効果を伴う等の理由で除外) ２）天然ガス発電⇒第一段階「パイプラインの修復（メタン漏洩削減)」⇒第二段階「バイオガス、バイオメタンガス等への転換」⇒「ネット・ゼロ」バイオガスについては食料との競合がないほか、生態系等への影響がないものに限定) ３）自動車⇒第一段階「ガソリン車からガス燃料車への転換」「ハイブリッド車の導入」⇒第二段階「EV車、燃料電池車」⇒「ネット・ゼロ」 ４）船舶⇒第一段階「重油からガスへの燃料転換」⇒第二段階「水素燃料化、CC-Ocean導入等」⇒「ネット・ゼロ」 ５）航空機⇒第一段階「ジェット燃料のバイオ燃料へ転換」「運航システムの改善」⇒第二段階「電気航空機」「水素燃料航空機」⇒「ネット・ゼロ」 ６）ビルディング・住宅⇒第一段階「グリーン・リノベーション（省エネ、再エネ導入)」⇒第二段階「再エネ・省エネ・蓄電の組合せ」⇒ライフサイクル・カーボン・マイナス（LCCM）あるいは「ポジティブ・ハウス／ビルディング」の実現 ７）セメント⇒クリンカ比率の引下げ、水素燃焼の導入⇒「ネット・ゼロ」 ８）金属・ガラス⇒リサイクル資源の活用等 ９）鉄鋼・化学⇒第一段階「バイオ燃料混焼」⇒第二段階「水素還元法の導入、グリーン水素」⇒「ネット・ゼロ」 10）パーム油⇒RSOP制度の厳格適用、その他の生物多様性確保の認証 11）飲食業⇒第一段階「プラスチック容器等の再利用、リサイクル、自然資源性容器への転換」⇒第二段階サーキュラーエコノミー・ビジネスモデルによる「ネット負荷ゼロ」の実現 12）農業⇒脱化学肥料、有機農業化、低炭素農業（バイオガス活用・製造等） 13）衣料品⇒再生素材への転換（サーキュラーエコノミー） 14）消費財⇒包装パッケージの転換・リサイクル資源導入（同） 15）不動産・土地利用⇒汚染土壌の改良・再利用（ブラウンフィールド）のグリーン化 16）サービス業⇒移行によるグリーン化した製品・サービスを利用する事業（電気自動車のタクシー、ZEH住宅の賃貸業等） 17）その他 （上記事業に限定せず）	１）電力会社（発電会社） ２）石油・ガス等エネルギー開発 ３）鉄鋼業 ４）化学 ５）金属・同加工 ６）セメント ７）窯業・ガラス ８）紙パルプ ９）インフラ関連（例、鉄道、航空関連等） （上記業種に限定）

（出所）トランジションファイナンス研究会最終報告（2020年10月）

そうした環境のなかで、研究者仲間と、国際標準として通用するトランジションファイナンスの理論的な考え方をまとめ、国際的に発信しようという話が浮上した。われわれもＩＣＭＡやＣＢＩのように、自主的なルールを整備して、世に問おうというわけだ。そこで２０１９年12月に「トランジションファイナンス研究会」を立ち上げた（注10）。

研究会は２０２０年４月に中間報告（注11）、10月に最終報告（注12）を公表した。中間報告の段階ではＧＢＰをモデルにして、ブラウン事業をグリーンに移行・転換させるプロセスを手順化するガイダンス案を示した。資金使途先の事業を明確化するＵｏＰ方式である。その点でＡＸＡ　ＩＭと同じアプローチだ。ただ、最終報告では、同方式をA-Type（Asset）とし、企業自体のトランジションのためのファイナンスをC-Type（Corporate）として並立させた。

「A」と「C」のトランジション

中間報告の時点では、「トランジションウォッシュ」を排除するため、事業とファイナンスが連動するＵｏＰ方式に絞ることが望ましいと判断した。もちろん、炭素集約型企業全体が低炭素・脱炭素型に移行・転換することは望ましいし、そのためのファイナンスを否定するつもりは毛頭ない。ただ、ブラウン企業のグリーン化の評価は、個々の事業がみえるＵｏＰ方式とは異なり、容易ではない点が気になっていた。

一方で、この間、国際資本市場協会（ＩＣＭＡ）は、企業の重要業績指標（ＫＰＩ）をＥＳＧの改善度を測る尺度とする手法を開発・採用していた。２０２０年６月に公表されたサステナビリティ・リンク・ボンド原則（ＳＬＢＰ）（注13）である。これは企業のサステナビリティ向上を目的として、企業が自ら特定のＥＳＧのＫＰＩを選定し、その改善目標とリンクして資金調達をする手法だ。「ＫＰＩリンク方式」と呼ばれる。

ちなみに、同方式によるローンの提供は、日本でもかつて導入されている。２０００年頃、滋賀県を拠点とした「びわこ銀行（現在は関西みらいフィナンシャルグループ）」が、地場企業がボイラーを重油焚きから天然ガスのコジェネレーション（熱電供給）に切り替える設備投資資金の融資に際して、汚染物質排出削減度とCO_2排出量をＫＰＩとして、目標を達成すれば金利を優遇するコビナンツ（財務制限条項）つきの融資を実施した（注14）。

ＩＣＭＡはプラス評価のＳＬＢＰに続いて、トランジションボンドのガイドラインについても、ワーキンググループを設けて議論を進めていた。

日本の研究会はもともと、独自の日本版の基準開発を目指すのではなく、ＥＵやＩＳＯ、ＩＣＭＡ等の国際基準化作業に貢献することを目的に掲げた。国別基準ではなく、国際基準こそがサステナブルファイナンスでは求められるためだ。このため、最終報告においては、ＵｏＰ方式のブラウン事業のグリーン化と、ＫＰＩ方式でのブラウン企業のグリーン化の両方のトランジションファイナンスを、企業自らが選択できる基準案をガイダンスとした。企業は自らが推進する個別事業のトランジションのためのファイナンスを求めてもいいし、企業全体をグリーン化するためのファイナンスを金融市場に求めることも可能とした。

そのうえで研究会がこだわったのは、トランジションのプロセスと成果の確認だ。やや技術的になるが説明しておきたい。ブラウン企業・事業の移行には、燃料転換等の場合を除いて、通常、一定の時間がかかる。ボンドを発行した際は、明確なトランジションの姿を描いていても、景気の循環、技術開発の動向等で、計画どおりに移行・転換が進まない可能性もある。そうしたプロセスのモニタリングと、予定を外れた場合の資金調達者への対応等も事前に定めておくべきだと考えた。

そこで、予定どおりに移行・転換が進まない場合には「ペナルティ条項」を設定することを明記した。ボンドの場合は変動クーポンレートで金利を引き上げ、ローンの場合はコビナンツで金利を引上げ（あるいは移行が成功した場合に優遇金利の提供）となる。サステナビリティ・リンク・ボンドのKPIリンク方式をブラウン事業の改善に適用するわけだ。外部評価機関は資金調達後のそうした移行・転換の妥当性評価も担当する。

もう1つ重要なのは、すでにUoP方式でのグリーンボンドやA-Typeのトランジションボンドを発行している企業が、新たにC-Typeのトランジションボンドを発行する場合

図表5-3　トランジションファイナンスの主な提案比較

	対象の範囲	目　標	評価尺度	対象事業
トランジションファイナンス研究会（日本）	事業と企業（KPI）	2050年ネットゼロ	移行目標、プロセス、成果（GPO）の確認	事業・企業両方でのブラウンタクソノミー
国際資本市場協会（ICMA）	事業と企業（KPI）	パリ協定と整合する短、中、長期の排出削減目標	計画される移行経路は、量的に計測されるべき	コア事業の戦略的変更のためのファンディング
経済産業省	事業と企業	パリ協定およびNDCs達成	ビジョンや行動計画等	国内外での排出削減事業等
CBI+クレディスイス	事業と企業（KPI）	2050年ネットゼロ	コミットメント等よりも明確な運用指標	５つの経済活動カテゴリー
アクサ・インベスターズ・マネジャー	事業	2030年～2050年	適格資産の明確化と適格クライテリア等	エネルギー、輸送、産業の３部門

（出所）　各発行機関の概要を筆者が整理

だ。基準となる企業のＫＰＩには、既発行のＥＳＧボンドやＡ‐Typeボンドによる事業資産の改善効果が加わっているはずだ。したがって資金調達前のトランジションファイナンスを評価する外部評価機関は、そうしたグリーン改善効果の「ダブルカウント」がないかどうかをチェックする必要性を明記した。

　こうした中間報告から最終報告への修正については、中間報告公表後に設けたコンサルテーション期間において、内外から受け取った意見をふまえて修正した。コンサル意見は、ＩＣＭＡやＣＢＩ等のほか、国内の業界団体やＮＧＯ

等から多数、いただいた。

「国内版」に執着する経済産業省

一方、経済産業省は「国内版のトランジション」に執着していた。２０２０年９月、同省は「クライメート・イノベーション・ファイナンス戦略　２０２０」と題した案を公表した（注15）。同じ「トランジション」の言葉を使うが、ＩＣＭＡやＥＵ、さらに筆者らの研究会とも、そのスタンスは大きく異なる。

公表された同省の「戦略」では、①「パリ協定との整合性に関する基準」としながら、同協定の「２度Ｃ目標」「１・５度Ｃ目標」ではなく、協定に提出した各国の国別温暖化対策貢献（ＮＤＣｓ）の達成のファイナンスに力点を置く、②「事業実施主体に関する基準」は、ＫＰＩではなく、中長期的なビジョンや行動計画等を示して、移行への取組みに積極的な事業主体へのファイナンス、③「対象事業に関する基準」では、当該産業部門で国際的または当該地域で、温室効果ガス低排出でベスト・パフォーマンスとされる水準の実現・実施のための事業等へのファイナンス、としている。

②と③は、企業と事業の両方を対象とする点で研究会報告のC-TypeおよびA-Typeと同様にみえる。ただ、経産省案が示すトランジションの「ビジョンや計画」をＫＰＩにするのでは、その実現性の担保がないほか、計画倒れになった場合の投資家への責任も不明

だ。③では予想どおりに「超々臨界圧石炭火力発電事業（USC）」が例示された。「環境性能の高い自動車」は、EUや米国カリフォルニア州が想定する電気自動車と燃料電池車（水素自動車）だけではなく、ハイブリッド等も含めている。

経産省版「トランジション案」がいかにグローバルな流れと異質かは、ほぼ同じ時期に公表されたCBIとクレディスイスの共同作業による「トランジションファイナンスフレームワーク（Financing Credible Transitions）」（注16）の指摘でも明らかだ。

同案の主な内容は、①2050年までに排出ゼロ（ゼロカーボン）に適合させ、2030年までにほぼ半減させる目標の設定、②企業あるいは国別ではなく、科学的専門家によって推進されるべき、③移行目標やプロセスの信頼性のため、オフセットはカウントしない、④脱炭素化に活用されうる現在および将来期待できうる技術を評価に含める、⑤コミットメントや約束よりも明確な運用指標に基づくべき、などとなっている。

これらのうち、①は研究会報告と同様の「ゼロエミッション」目標であり、NDCsを排除している。②で企業別、国別のトランジションを否定し、⑤でビジョンや計画を否定している。③は企業・事業どちらのトランジションでもオフセット依存を外すのは当然だ。④の将来技術の評価は、その将来の実現可能性の検証担保を伴うものだ。

経産省が国別トランジション、ないし同省版の基準化にこだわるのは、第4章でみた環境省による強引な国内版グリーンボンドガイドライン制定のスタンスと、どこか似通う。

２０２０年12月には金融庁がサステナブルファイナンスとトランジションファイナンスの２つの分野の会議体を設置すると発表した。両ファイナンスのほか、ソーシャルボンドの国内基準も制定するとしている。トランジションファイナンスは経産省の「トランジション案」をふまえるという。いずれも、国際的なルールや手法と、同じ名前を使いつつ、その運用等にあたっては日本流の「味付け」を加えて、独自の政策であるかのように振る舞う日本の官僚の「技」のようだ。一見、国内産業を守るかのようにみえる。だが、「守ろう」としているのは、実は、役所の旧来の政策利権のように思える。

こうした政策姿勢は、激しい国際競争下でも勝ち抜ける力のある企業にとっては、緩い国内基準につながれることで、共通基準を尺度とするグローバル市場で優位に立てるはずの道を封じられることにもなりかねない。また、当該企業とともに、国としても、気候対応力を国力として高めていくことを目指す「攻めの政策」ではないと映る。基準化競争に勝利するには、ライバル国、ライバル産業・企業の動向をふまえ、時には連携するなどの選択もとりながら、より合理性の高い国際基準案を示し、自らその高いハードルを先行的に越えてみせてこそ、共感と敬意と成果（市場）を得ることができるはずだ。

ＩＣＭＡのトランジションハンドブック

国際資本市場協会（ＩＣＭＡ）は２０２０年12月、炭素集約型産業・企業がパリ協定の目標に沿う低炭素化・脱炭素化を目指すためのトランジションファイナンスのガイダンスとなる「クライメート・トランジション・ファイナンス・ハンドブック」を公表した（注17）。公表内容を読んだ感想を正直にいうと、喜び半分、落胆半分だった。

「喜び」は、トランジションの手法として、グリーンボンド原則（ＧＢＰ）のように、移行事業を対象として資金使途を示すＵｏＰ方式と、サステナビリティ・リンク・ボンド原則（ＳＬＢＰ）のように重要業績指標（ＫＰＩ）で企業を評価する方式を両方、示した点だ。前述の日本の研究会が提唱した、A-Type（ＵｏＰ方式）とC-Type（ＫＰI方式）と基本的に同じだ。研究会は成果物を、ＩＣＭＡをはじめ、各方面に提供したことから、参考にしてもらったかもしれない。

「落胆」は、研究会が最も苦心したトランジションウォッシュを防ぐ工夫がＩＣＭＡのハンドブックにはみられない点だ。前述のように、研究会では、炭素集約型のブラウン企業のトランジションをサポートする場合、ブラウン⇒グリーンへの移行プロセスの明確化と、移行の成果を高め、不首尾に終わった場合の対応等を明確化するために、コビナンツや金利引上げ条項、さらにはグリーン改善効果のダブルカウント防止等を提案した。

これに対して、ハンドブックはトランジションファイナンス推進のための４つの主要要素として、①発行体の気候移行戦略とガバナンス、②環境マテリアリティについてのビジネスモデル、③目標と達成の経路を含めた「サイエンスベースド」な気候移行戦略、④実行計画の透明性――等を示したものの、トランジションウォッシュ対策はみられない。企業のポジティブな取組みを評価するSLBのKPI方式を、ブラウン企業のネガティブな状況改善にシンメトリック（対称的）に適用する考えだ。

ICMAのメンバーである金融機関は、基本的に発行体の債券発行を支援することを第一のビジネスとする。そのうえで、発行される債券をできるだけ多くの投資家につなぐ能力を、アンダーライターとして求められる。したがって、発行体に「罰則」を課すようなルールは避けたいというのが本音だったのではないか。ハンドブックは「ブラウンタクソノミー」も示さなかった。ICMAがトランジションファイナンスを、これまでのように、「原則」「ガイドライン」と位置づけず、従来は使わなかった「ハンドブック」のかたちにしたのも、トランジションのむずかしさを示すようでもある。

トランジションファイナンスの次の焦点は、EUがサステナブルタクソノミーを、トランジションにどう展開するかにかかっている。2021年中にその方向性がみえてくるはずだ。

「2050年ネットゼロ」宣言と温存路線

第1章でみたように、日本も、2020年10月の菅義偉首相の「2050年ネットゼロ」宣言を受けて、温暖化対策への取組強化に動き出した。ただ、エネルギー政策を担当する経産省は、非効率石炭火力発電所の廃止を強調する一方で、超々臨界圧石炭火力発電事業（ＵＳＣ）を温存し、電動車規制では電気自動車や燃料電池車だけでなく、日本車メーカーが強みをもつハイブリッド車を温存、「カーボンリサイクル」の名で、火力・鉄鋼・化学等でのCO_2高排出事業を温存する等の方針を盛り込んだ。その一方で、水素エネルギー、蓄電池、大規模洋上風力発電等、新たな脱炭素事業の展開も目指すという。再エネ主導のカーボンニュートラルの「不足」を前提に、原発再稼働・新設も取り込んだ。

これは、スクラップアンドビルドでも、断捨離型でもない。国内市場のなかに、新旧すべてを詰め込み、積み上げる方式だ。これで、はたして、米中欧との脱炭素経済社会づくりの競争に勝ち抜けるのだろうか。明らかに欠けているのは、脱炭素経済社会への転換で軸となる資金の流れを確保するためのサステナブルファイナンスの基準化への備えである。公的資金依存、国際的に通用しない日本版のサステナブルファイナンス基準を積み上げるばかりでは、グローバル金融市場の資金は十分には流れ込んでこない。

経産省が強調する「イノベーション」も常にリスクを抱える。菅首相の所信表明からしばらくして、カーボンニュートラルの決め手のように喧伝される洋上風力発電事業で、経産省と資源エネルギー庁が福島県沖で取り組んできた官民プロジェクトの洋上風力発電事業が頓挫していたことが判明した（注18）。国内の重工業メーカーの三菱重工、日立製作所、三井造船3社が手がけた風力発電機がいずれも低稼働率で、実用化に至らなかったためという。事業にかけた約600億円は、風車は回らないのに、風のなかに消えてしまった。イノベーションリスクを実証する結果となった。

経団連、タクソノミーで軌道修正へ

経団連は、経産省と歩調をあわせて、EUのタクソノミーの基準化阻止のロビー活動等展開してきた。だが、その後、徐々に軌道修正を図っているようにみえる。2020年10月には、気候変動分野でのサステナブルファイナンスの取組みを提言した。そのなかで、トランジションファイナンスについて、「円滑な資金が振り向けられるよう、政策支援とともに、投資インセンティブを付加できる設計が望まれる」と政府支援を求めた。トランジションでは、「脱炭素社会を実現するためには、既に導入が始まりつつあるゼロ・エミッション技術のさらなる低コスト化と社会実装の加速だけではなく、脱炭素への移行において重要な役割を果たすトランジション技術の着実な普及・活用が不可欠」とした（注19）。

さらに12月15日には、菅政権の「2050年ネットゼロ」宣言に呼応するかたちで、「2050年カーボンニュートラル実現に向けて　経済界の決意とアクション」との声明を発表した（注20）。声明は、現状認識として、「主要国・地域はグリーン成長を国家戦略・産業政策の柱と位置付け、新たな競争に乗り出している。現状に手をこまねいていれば、『経済と環境の好循環』の実現はおろか、グリーン成長をめぐる国際的な競争に大きく劣後し、わが国の産業競争力や立地拠点としての競争力を一気に喪失することになりかねない」と危機感を示した。的確な認識といえよう。

そのうえで、こうした状況を打破するために、わが国産業の競争力強化につながるよう、研究開発や初期投資を支援しながら、イノベーションの創出とその内外市場への展開を図るとともに、重要な技術分野については国家プロジェクト化することを求めた。サステナブルファイナンスについては、前述のように1年前の声明では、EU等のタクソノミーに反対を宣言していた。

だが、今回の声明では「サステナブルファイナンスでは、EUにおいて、主としてGHG排出量が実質ゼロの水準にある技術（グリーン技術）へのファイナンス促進を目指すタクソノミーの仕組みが検討されている。こうしたグリーンファイナンスに加え、イノベーションや、脱炭素社会へのトランジションに必要となる幅広い技術・活動にも資金が動員されるよう取り組んでいくべきである」と指摘。タクソノミーの検討を前提にしたグリーンファイナンスやトランジションへの取組みを初めて求めた。

タクソノミーへの理解を深めたことから、これまでの反対姿勢を撤回したのかもしれない。ただ、明瞭に「撤回」とも記載していない。日本版タクソノミーを展開し、前述の経産省による旧来事業等の「温存戦略」と連携しようとするのかもしれない。そうだとすると、戦力・資源の分散展開になり、グローバル競争で勝ち抜くのは容易ではないように思える。

2020年10月。EUがタクソノミーのグローバル普及のために設立した「サステナブル国際プラットフォーム（IPSF）」の1周年会合で、各国のタクソノミーを調整して「共通タクソノミー」づくりを目指す作業部会が発足した（注21）。その共同議長はEUと中国が担うことも公表された。その翌月、金融庁がIPSFへの参加を公表した。経産省、経団連とともに、日本版タクソノミーを持ち込み、「共通タクソノミー」と「国別タクソノミー」の棲分けを勝ち取る考えのようだ。はたして成功するかどうか。

EUとICMAのさや当て

日本が共通タクソノミーを遠ざける方策を探すなかで、国際基準のあり方をめぐって、これまで共同歩調とみられていたEUとICMAの間で、微妙なさや当てが生じた。2020年10月、欧州委員会がサステナブルファイナンスの一環として準備を進めるEUグリーンボンド基準（EU GBS）で行ったコンサルテーション意見で、ICMAが異論を示したのだ。「現行案だと、条件が厳しく、中小企業やリテール分野のグリーンファイナンスの成長につながらない可能性がある」。

EUとICMAは、ICMAのメンバーが欧州委員会のTEGにも加わるなどのかたちで、グリーンボンドやサステナビリティボンド等のESG債の国際規格化を、二人三脚的に推進してきた。ISOの議論でも歩調は同じとみられてきた。EU GBSはTEGのタクソノミーを資金使途先事業の土台として位置づけている。したがって今後、EU市場で発行されるグリーンボンド等はICMAのGBP等の基準よりも、GBSに準拠することは当然の了解事項と思われていた。

だが、GBS原案へのコンサルテーションで、ICMAは、GBSの基本部分への修正を求めた。GBSはその適用に際して、タクソノミー・フレームワークを活用する。ICMAはそのフレームワークに盛り込まれる、他の環境分野に影響を及ぼさないDNSH原則と、社会分野でのセーフガード条項等の弾力化を求めた（注22）。EUのサステナブルファイナンス・フレームワークの根幹に切り込んだかたちでもある。

ICMAは、DNSHとセーフガード条項等の適用に際しては、中小企業等の資金調達に影響する可能性があり、特にEU企業および非EU企業による海外事業に適用されると、そうした影響が高まる懸念がある、と指摘した。EUの環境・人権基準は一般に、海外事業が展開される国での基準より厳しいことから、EU域外ではGBS準拠のボンド発行をしづらくなるとみる。

ICMAはグローバルな資本市場での取引金融機関の集まりである。したがって、グリーンボンドだけでなく、あらゆる金融商品を通じた資本取引が、あらゆる市場で活発になることを最大の使命とする。それが、金融市場の拡大につながり、金融機関の事業拡大につながるためだ。ＩＣＭＡはまさに市場派とビジネス派の集団なのだ。環境、社会等の非財務分野への資本の流れが増大すると、新たな資本市場が成長し、それが金融機関の活性化にもつながる。そのためには、「使いやすい基準」を重視する。現行のグリーンボンド原則（ＧＢＰ）も枠組みは明確だが、運用は市場の自由な裁量に委ねている。

これに対してＥＵ ＧＢＳでは、ＩＣＭＡが問題視したＤＮＳＨやソーシャルセーフガードという「政策的条項」が盛り込まれている。ＩＣＭＡのＧＢＰが採用する、誰でも自由に参入できるセカンドオピニオン事業についても、ＥＵ ＧＢＳでは金融監督の対象とする案も考えられているという。ＩＣＭＡにとって、これまでグローバルなＥＳＧ債市場をリードしてきたＥＵ市場でグリーンボンド基準が厳格化されると、グリーンボンドだけでなくＥＳＧ債市場全体の展開に支障が生じかねないという懸念を示したわけだ。

もう少し勘繰ると、ＥＵ域内はＥＵ ＧＢＳ、域外はＩＣＭＡ基準という、当初の「暗黙の市場割当て」の想定が、ＥＳＧ債市場全体が、より厳格なＥＵ基準にさや寄せされる可能性が出てきたためかもしれない。すでに指摘したように、ＥＳＧ、サステナビリティ、非財務を重視する機関投資家や個人投資家は、「薄いグリーン」よりも、「濃いグリーン」を好む傾向がある。特にＥＳＧ投資で先行する欧州の機関投資家からは、ＥＵ ＧＢＳ準拠のグリーンボンドが登場すると、ＩＣＭＡのＧＢＰは現状の「適格基準」から、「二番手の基準」にランクダウンするものとみなされる可能性もある。

そうなると、たしかにICMAが懸念するように、グローバルなグリーンボンド市場全体の成長を高めるよりも、逆に鈍化させる可能性も出てくる。市場取引の促進・拡大を最優先するICMAと、経済社会のグリーン&サステナビリティの普及と促進を重視するEU。これまでグリーンボンド市場の育成から発展へと、歩調をあわせていた両者だが、この足並みの違いを、どう移行・転換させることができるか。

ここでも、米国がトランプ政権からバイデン政権に転換したことが影響を及ぼしてくるかもしれない。ICMAのGBPは前章でみたように、ウォールストリートのサステナビリティ派が立ち上げた。自由で弾力的な米資本市場をふまえた新しい金融ビジネスのための尺度である。これに対して、EUの尺度は、より理念・規範派的な色彩が強い。EUにとって、ある意味でトランプ時代は、米国や米資本市場の動向は無視していてもよかった。だがバイデン時代は、そうもいかない。バイデン政権が政策重視となるか、あるいは市場重視となるか。米欧調整が着地しないと、国際共通基準化は完結しない。

(注1) EU Technical Expert Group on Sustainable Finance, "Technical Report" https://ec.europa.eu/info/sites/info/files/business_economy_euro/banking_and_finance/documents/200309-sustainable-finance-teg-final-report-taxonomy_en.pdf

（注2） 環境金融研究機構、２０２０年10月27日
https://rief-jp.org/ct5/107811
（注3） 日本経団連「サステナブル・ファイナンスを巡る動向に関する課題認識」２０１９年9月4日
https://www.keidanren.or.jp/policy/2019/069.html
（注4） InfluenceMap, "How Japanese Industry lobbied Against a Strong Taxonomy", Apr 2019
https://content.influencemap.org/report/-2a321cd8bdc7bd87c6a41a86fbfe62e9
（注5） 「ブラウン」という表現は人種的差別と関係するとの配慮から「hard to abate」あるいは「polluted activities」等に変更されるケースもある。本書では一般的な「ブラウン」と表記する。
（注6） 2°Investing Initiative, "Shooting for the Moon in a Hot Air Balloon?", May 2018
https://2degrees-investing.org/wp-content/uploads/2020/01/2018-Green-bonds-updated-paper.pdf
（注7） OECD, "Investing in Climate, Investing in Growth", June 2019
https://www.oecd-ilibrary.org/docserver/9789264273528-en.pdf?expires=1601023684&id=id&accname=guest&checksum=F4AF558AD0C5FD6505716347623ABFA1
（注8） AXA Investment Managers, "Financing Brown to Green: Guidelines for Transition Bonds", 10 June 2019
https://realassets.axa-im.com/content/-/asset_publisher/x7LvZDsY05WX/content/financing-brown-to-green-guidelines-for-transition-bonds/23818
（注9） 環境金融研究機構、２０１９年6月17日
https://rief-jp.org/ct6/90732

（注10） メンバーは次のとおり。明日香壽川東北大学東北アジア研究センター教授▼越智信仁尚美学園大学総合政策学部教授▼竹原正篤法政大学人間環境学部准教授▼藤井良広＊元上智大学地球環境学研究科教授（環境金融研究機構代表理事）▼村井秀樹日本大学商学部教授▼山本利明元大阪電気通信大学金融経済学部教授▼グレゴリー・トレンチャー（Gregory Trencher）東北大学准教授▼ウグ・シャネ（Hugues Chenet）Honorary Senior Research Fellow at University College London▼足達英一郎（オブザーバー）。＊は主査。

（注11） トランジションファイナンス研究会「移行ファイナンスガイダンス（中間報告）」２０２０年4月22日
https://rief-jp.org/wp-content/uploads/bb459b53925aae0c613b22d05291257a1.pdf

（注12） 研究会「移行ファイナンスガイダンス（最終報告）」２０２０年10月2日
http://rief-jp.org/wp-content/uploads/6612faa1992d4fa77aa0c96aaf9d218a4.pdf

（注13） International Capital Market Association, "Sustainability-Linked Bond Principles", June 2020
https://www.icmagroup.org/assets/documents/Regulatory/Green-Bonds/June-2020/Sustainability-Linked-Bond-PrinciplesJune-2020-100620.pdf

（注14） 藤井良広『金融で解く地球環境』（岩波書店、２００５年12月）

（注15） 経済産業省「クライメート・イノベーション・ファイナンス戦略２０２０：環境イノベーション・ファイナンス研究会中間取りまとめ」２０２０年９月
https://www.meti.go.jp/press/2020/09/20200916001/20200916001-2.pdf

（注16） Climate Bonds Initiative & Credit Suisse, "Financing Credible Transition". Sept 2020
https://www.climatebonds.net/system/tdf/reports/cbi-fin-cred-transitions-092020-report-page.pdf?file=1&type=node&id=54300&force=0

（注17） ICMA "Climate Transition Finance Handbook Guidance for Issuers". Dec 2020 https://www.icmagroup.org/assets/documents/Regulatory/Green-Bonds/Climate-Transition-Finance-Handbook-December-2020-091220.pdf

（注18） 環境金融研究機構、２０２０年12月13日
https://rief-jp.org/ct5/109169

（注19） 経団連「気候変動分野のサステナブル・ファイナンスに関する基本的考え方と今後のアクション」２０２０年10月９日
https://www.keidanren.or.jp/policy/2020/094_honbun.pdf

（注20） 経団連「２０５０年カーボンニュートラル（Society 5.0 with Carbon Neutral）実現に向けて―経済界の決意とアクション―」２０２０年12月15日
https://www.keidanren.or.jp/policy/2020/123_honbun.pdf

（注21） International Platform on Sustainable Finance, 1st year anniversary meeting of 16 Oct 2020
https://ec.europa.eu/info/sites/info/files/business_economy_euro/banking_and_finance/documents/201016-international-platform-sustainable-finance-statement_en_0.pdf

（注22） ICMA, “response to the EU Consultation on the EU Green Bond Standard（EU GBS)”, 2 Oct 2020
https://www.icmagroup.org/assets/documents/Regulatory/Green-Bonds/EU-GBS-consultationICMA-Final-Response021020.pdf

第6章

広がるサステナブルファイナンス

コロナで発動したパンデミック債

2020年1月に表面化した新型コロナウイルス（COVID-19）の感染拡大で、非財務、ESG、サステナブルファイナンスの世界も激震に見舞われた。震動は現在進行形である（注1）。気候変動加速の脅威が減じたわけではないが、目の前のコロナ感染者の増加と、社会機能全体の「減速・停止」が、世界中の人々を脅かし、人々の関心は環境（E）から社会（S）へとシフト（あるいは拡大）した。

「グリーンスワン」ならぬ、突然の「パンデミックスワン」の出現だ。第2章で少し触れたが、ブラックスワン理論を提唱したタレブは、「コロナ感染は予想できたことであり、ブラックスワンではなく、ホワイトスワンだ」と指摘している（注2）。タレブらはウイルス感染がまだ中国内の出来事とされていた段階で、早急な対応を求めた。各国および国際的な公衆衛生対応がしっかり連携すれば、パンデミックは防げた、との見解だ。

タレブは、ウイルスの潜伏期間や変異等の基本的な情報を欠く状況と、野生生物の食市場、航空機等による世界のつながり、グローバル化による人間同士の接触等のコネクティビティ要因によって、リスクが急激に増幅されたと分析する。しかし、こうした増幅化に至る前に外出の徹底自粛やマスク、手洗いの厳守等を義務化すれば防げたとしている。危機の大きさへの認識の甘さと、対応の不徹底がホワイトスワンを巨大なブラックスワンに変貌させたことになる。

そんななかで、世界銀行が発行していたサステナブルファイナンス商品が注目を集めた。世界的な感染症拡大の際に、途上国への資金援助をスムーズに進めるために設定していた「パンデミック緊急ファシリティ（ＰＥＦ）」に基づく「パンデミック債」が、初めて発動されたのだ。同商品は２０１７年に設定され、期間３年の終了を迎えようとしていた。まさにその時に発動条件が合致したのだった。

ＰＥＦは、２０１４年から２０１５年にアフリカで発生したエボラ危機の教訓をふまえた世銀の資金メカニズムとして設定された。ファシリティの基金として、日本やドイツなどが拠出し、それに加えて世銀がパンデミック債を発行して市場資金を確保した。感染症が発生した場合、途上国での対策向けにそれらの資金等を供給する仕組みだ。パンデミック債の開発はスイス再保険、ミュンヘン再保険の両社と、リスクモデルを米Air World Wide社が担当した（注3）。

パンデミック債はキャットボンド（Catastrophe Bond）の一種だ。キャットボンドは、地震や台風等の特定の被害による損害への支払い確保のために設定される。通常の保険では発生時の保険金支払額が巨額になって引受けが困難な場合、資本市場で高利回りの債券（キャットボンド）を保険のかわりに発行する。対象となるイベントが発生しないと、同債券への投資家はその高利回りを享受できる。ただ、投資期間中に実際に被害が発生すると、最悪の場合、投資家は元本償還ゼロになるリスクがある。

したがって資金発動をするかどうかの条件が重要になってくる。世銀パンデミック債の場合、WHOが公表するパンデミック・データに基づく死者数、死者の増加スピード、罹患国数等を発動条件とした。①感染症発生国での死亡者2500人以上、②発生期間が12週間以上、③他の国で20人以上の死亡。明らかに今回の新型コロナウイルス感染拡大に適合する。

同債券がカバーする対象期間は2017年7月7日からの3年間。債券は発行額2億2500万ドルのClassAと9500万ドルのClassBの2本。ClassAは主にインフルエンザ対応で、このうち新型コロナウイルスの条件に合致したのは3750万ドル分。ClassBはすべてコロナに合致するので、合計1億3250万ドルをコロナ対策に充当した。ただ、対象を世界77カ国の途上国と限定していたことから、コロナ感染が集中した欧州等では使えなかった。

全世界を対象にしていればよかったが、投資家に約束するクーポン金利はその分、高くなる。今回はClassAのクーポンはロンドン銀行間取引金利+6・5%、ClassBは同+11・1%だった。期間中にパンデミックの発生がなかったら、投資家はこの高金利のリターンを得ていたことになる。しかし、今回は実際に支払いが発生したので、ClassBの投資家が保有していた債券は紙くずになった。一方で世銀は、コロナ禍で苦境に立った最貧

図表6－1　パンデミック緊急ファシリティ基金（PEF）の仕組み

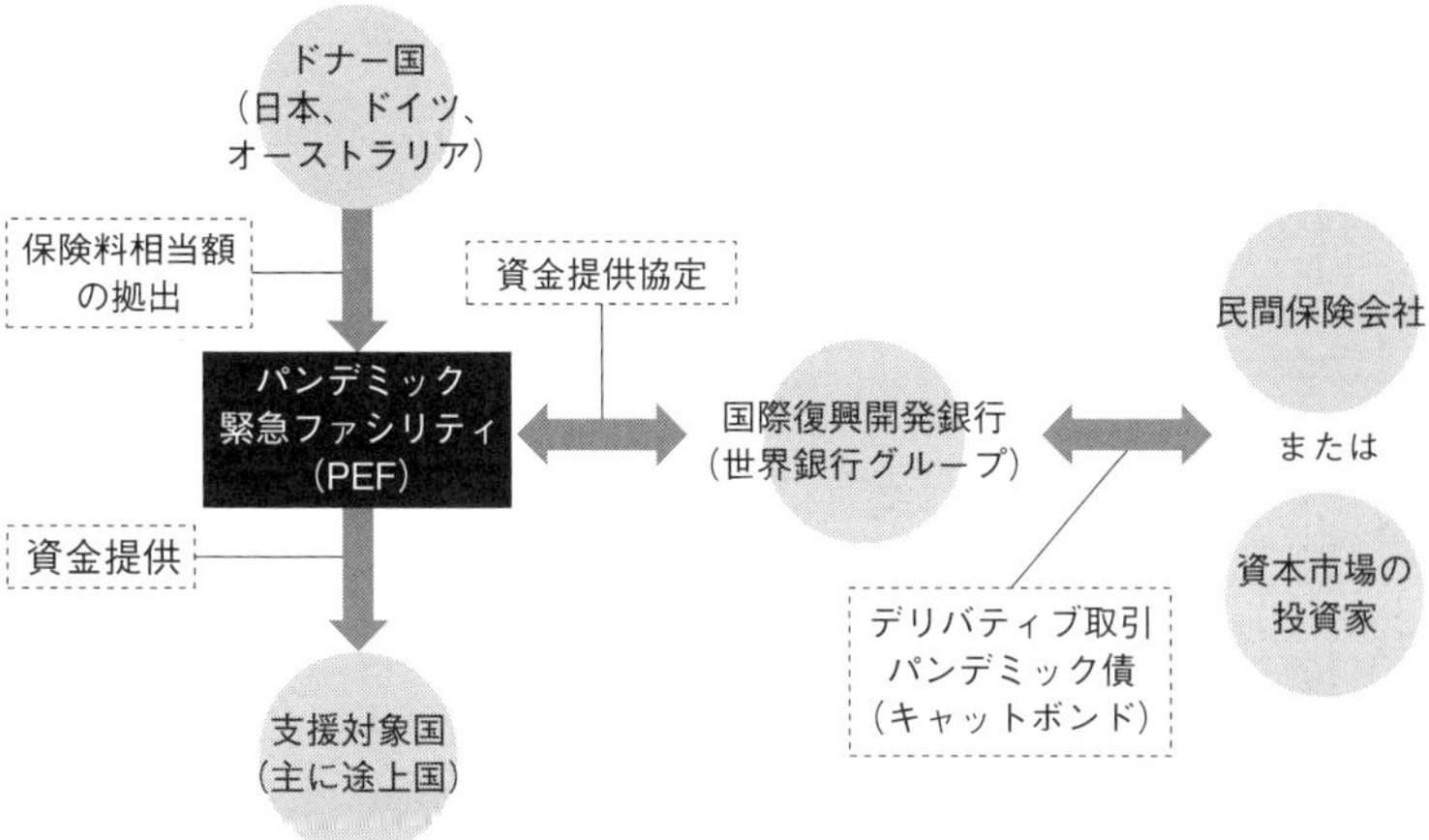

（出所）　世界銀行プレスリリース（2020年4月27日）等各種資料より作成

国64カ国に対して、得た投資資金を含め1億9584億ドルを供給した。

PEFの仕組みの軸となったキャットボンドは、気候変動で増大する自然災害対策等でも活用が期待されている。自然災害の増大、さらにコロナ感染のような社会的損害等の拡大が相次ぐなかで、キャットボンド等の活用を含めて、高リスクの「非財務要因」をファイナンスする商品設計力が金融界に問われているわけだ。「まえがき」でグローバルな株、債券、融資の各金融市場全体を縦横に流れる資金の規模は、258兆ドル（約2京7090兆円）を超すと指摘した。われわれは、膨大な富を懐（ふところ）に抱えている。この市場資金を生かす仕組みを構築できるかが、サステナブルファイナンスの課題でもある。

コロナファイナンスの盛り上がり

2020年3月20日。世銀グループの国際金融公社(IFC)は期間3年の発行額10億ドルのソーシャルボンドを発行した。資金使途は、新型コロナウイルス感染拡大で打撃を受けた途上国の民間企業や雇用確保を支援するためだ。同月27日にはアフリカ開発銀行(AfDB)も同額のソーシャルボンドを発行した。その名も、「Fight COVID-19 Social Bond」。医療設備や社会保障制度等が不十分なアフリカ諸国向けにコロナ対策支援を講じるのが目的だ。「コロナボンド」の登場である。

新型コロナウイルス感染でサステナブルファイナンス市場の様相も一変した。これまで市場の中心だったグリーンボンドの発行がグリーン経済活動の鈍化を受けて一時的に減少した。一方で、ソーシャルボンド、サステナビリティボンドの発行が急増した。「コロナボンド」は通称で、社会性「S」の課題克服のための資金調達としてソーシャルボンド、あるいはEとSの両方を資金使途とするサステナビリティボンドの発行が増えたためだ。

国際資本市場協会(ICMA)はグリーンボンド原則(GBP)とともに、ソーシャルボンド原則(SBP)を整備している。中核4項目は、GBPと同様に、①調達資金の使途、②プロジェクトの評価と選定のプロセス、③調達資金の管理、④レポーティング、の

4項目。資金使途先は、①手頃な価格の基本的インフラ設備（例：クリーンな飲料水、下水道、衛生設備、輸送機関、エネルギー）、②必要不可欠なサービスへのアクセス（例：健康、教育および職業訓練、健康管理、資金調達と金融サービス）、③手頃な価格の住宅、④中小企業向け資金供給およびマイクロファイナンスによる潜在的効果を通じた雇用創出、⑤食糧の安全保障、⑥社会経済的向上とエンパワーメント、などを例示している。

コロナ対策での資金使途は、このうち②と④が中心になる。サステナビリティボンドでも同様だ。要するに、コロナ治療に奮闘する医療機関や医療・介護従事者への支援と、コロナで経済的打撃を受けた中小企業や労働者支援、が軸になる。GBPやSBPを管理するICMAの執行委員会は同年3月31日、緊急会議を開き、現行のGBPやSBP、さらにサステナビリティボンド・ガイドライン（SBG）は、いずれも新型コロナウイルス感染対策の資金調達に適応可能とする声明を出した（注4）。同月中の発行は、米州開発銀行、北欧開発銀行、欧州投資銀行等も続いた。

4月に入ると、スウェーデンの医療機器メーカーのゲティンゲ（Getinge）が、新型コロナウイルス感染の拡大で世界的に品不足になっている人工呼吸器や体外式膜型人工肺（ECMO＝エクモ）等を増産するため、10億スウェーデンクローナ（約1億ドル＝約108億円）のコマーシャルペーパー（CP）を発行した。CPはゲティンゲが設定した「COVID-19 Financing Framework」に基づき、緊急の資金調達として期間半年の調達とした。その後、日本でも三菱ＵＦＪフィナンシャル・グループや中国銀行等の金融機関が、中小企業向けのコロナ対策資金調達でソーシャルボンドやサステナビリティボンド等を発行する等、民間発行も広がった。

２０２０年上半期でみると、グリーンボンド発行額は前年同期比約44％減の７００億ドルにとどまる一方で、コロナ対策を主眼としたソーシャル、サステナビリティ両ボンドの発行額はともに約３００億ドルで、それぞれ同３・３倍、１・６倍と急増した（注5）。コロナの影響力への見極めが、ある程度把握できるようになった同年下期に入ると、グリーンボンドの発行も持ち直している。この間のコロナ体験であらためて浮上したのが、非財務要因としてのソーシャル（Ｓ）の市場評価をどう測るかという点だ。

国際公的金融機関や国がコロナボンドや同ローン等を手がける場合は、資金使途先の事業性よりも政策的役割が優先される。グリーンボンドの発行当初も、第4章でみたように、世銀等による発行が中心となる時期がしばらく続いた。その後、民間発行が動き出すのは、グリーンボンドの資金使途先の対象事業からのグリーンリターンと経済的リターンの両方の評価が、ともに市場に受け入れられるようになってからだった。

ソーシャルボンドでも、たとえば中小企業向け融資等の調達ならば、事業支援に伴う経済的リターンが見込める。ソーシャルリターン面ではそれらの企業を支えることで、雇用を確保し、国や自治体等からの補助金等もボンドのキャッシュフローの補完として期待できる。ただ、コロナ対策の中心を占める医療機関や医療・介護従事者、あるいは患者そのものへの支援等の場合は、ソーシャルリターンは見込めるが、経済的リターンは十分に見込めない場合が多い。金融機関が社会貢献等として取り組む場合のファイナンスの規模は一定限度にとどまる。したがって、「S」からの経済的リターンをどう確保するかが問われる。これはSDGsの目標全体にも共通する課題である。

コロナの教訓は、こうしたS分野の非財務要因が、十分な社会的な備えがないなかで〝暴発〟すると、財務の経済活動を大きく毀損し、経済・社会両面での軋轢・摩擦を増大させるという実例だ。教育、貧困、飢餓、公衆衛生等、それぞれのS分野の民間事業としての収益性、あるいは官民事業としての連携のフレームワークは、多くの国でまだ十分には開発されていない。手探りの状態が続いている。

自然・生態系の財務価値は

Eの分野では、経済的リターンは十分に見込めなくても、事業活動が及ぼす負の影響を一定の手法で「財務価値化」し、企業取引・金融評価に盛り込む試みが始まっている。

2020年7月。気候変動リスクを企業・金融機関の財務リスクとしてとらえるTCFD提言をなぞるかたちで、自然資源、生態系の保全のため、企業活動による自然関連財務情報開示の国際的なフレームワークを構築する作業部会（Taskforce for Naturerelated Financial Disclosures：TNFD）が立ち上がった。ＵＮＥＰや国連開発計画（ＵＮＤＰ）などの国連機関、各国政府、金融機関、自然保護団体など官民連携の非公式ワーキンググループ（ＩＷＧ）を編成、2年がかりで企業が関係する自然関連情報開示のフレームワークを整備するという。

ＴＮＦＤのコンセプトは、２０１９年1月のスイス・ダボスでの世界経済フォーラム（ＷＥＦ）で最初に提唱された。フランス政府の支援を受けた仏保険ＡＸＡとＮＧＯの世界自然保護基金（ＷＷＦ）が同年5月に基本的な考え方を整理した報告書を公表した。これをベースに官民連携のＩＷＧで作業を続けている。

すでに人間活動による自然資源の損失は膨大にふくれあがっている。ＷＥＦのレポートによると、地球上の野生哺乳類の83％と植物の半分は人類によって絶滅させられており、氷で覆われていない陸上の4分の3、海洋環境の3分の2は人の手で改変されている。こうした大規模な地球の改変によって、気候変動によるエコシステムのレジリエンス（強靭性）が脆弱化することによる生物多様性の損失は年々、加速している（注6）。

新型コロナウイルス感染の影響も、不正な野生動物取引や環境破壊に由来する動物性疾病が原因となった可能性が指摘されている。ＴＮＦＤのＩＷＧは「自然関連リスクが気候リスクよりも早く経済のすべての活動に影響を与えている」と指摘している。一方でＷＥＦの推計では、世界のＧＤＰの50％以上に相当する44兆ドル分は、なんらかのかたちで自然に依存して経済価値を生み出している。自然損失、リスクの増大はこれらの経済価値を棄損するリスクも高めるのだ。

ＣＢＤの困難さ

生物多様性保全のために、国連の生物多様性条約（ＣＢＤ）が締結されている。新型コロナウイルス感染の影響で、２０２０年11月に予定していた英国グラスゴーでの国連気候変動枠組条約締約国会議（ＣＯＰ26）が２０２１年11月に延期されたのと同様、２０２０年10月に予定だった中国・昆明でのＣＢＤ締約国会議（ＣＯＰ15）も２０２１年５月に延期された。気候対策のＣＯＰ26が、パリ協定後の各国の国別温暖化対策貢献（ＮＤＣｓ）を改定する重要な会議になるのと同様に、生物多様性ＣＯＰ15も、節目の会議になる。

ＣＢＤは２０１０年に名古屋で開いたＣＯＰ10で、２０５０年に自然と共生する世界を実現するため、２０２０年までに達成すべき生物多様性保全のための20項目の目標（愛知目標）を設けた。ところが、目標期限の２０２０年末までに「20項目は、いずれも完全には達成できない」とする報告書（注７）を公表せざるをえなかった。ＣＯＰ15で愛知目標にかわる新たな世界目標を決める予定だが、目標を決めても実行が伴わなければ「強欲な人類」による自然搾取の加速化で、「豊かな地球」の資源はさらに失われていく。

ＣＢＤの調整が気候変動条約と劣らぬほどむずかしい課題であることを垣間みせたの

が、２０１９年10月、ＣＢＤ事務局長クリスティアナ・パスカ・パルマー（Cristiana Pasça Palmer）の突然の退任劇だった。ルーマニア前環境相で２０１７年以来、事務局長のポストにあったパルマーは、２０２０年3月で任期満了を迎える予定だった。だが、同年10月にＣＯＰ15を予定していたので、再任が有力視されていた。それが任期満了を待たずに自ら辞任した。

本人は健康上の理由と説明したとされる。だが、スタッフ等への人種差別行動があったとする批判のほか、アフリカ諸国との対立等も指摘された。ＣＢＤの元事務局長でエジプトのＣＯＰ代表のハムダーラ・セダン（Hamdallah Zedan）らがパルマー批判の急先鋒に立ったとする報道もある（注8）。後任は、タンザニアのエリザベス・ムレマ（Elizabeth Maruma Mrema）。

何度か指摘したように、国連は南北問題への対応が最大の課題だ。それもかつてのように富める先進国が貧しい途上国を支援するという一方通行の援助関係だけではない。特に生物多様性課題の場合、途上国の豊かな自然・生物資源を、誰が、どう確保し、どう活用するのか、という各国、主要企業等を巻き込んだ争奪戦が、最大の争点だ。ＣＢＤは自然保護・生物多様性の保全に市場資金の活用も目指しており、会合を設計するＣＢＤ事務局は、まさにマネーの流れと直接、間接に向き合っているのだ。「南」の途上国側も、自らの資源への権利意識は高い。ＣＢＤに基づく多国間の枠組みのなかで、自然保護・生物多様性保全と、自然利用・開発・再生のバランスをとるのは至難の業でもある。

UNEP事務局長の「暴走」

本書では、環境金融やサステナブルファイナンスの資金の流れをめぐって錯綜する人々の理念や思惑についても随所で触れてきた。理念を重視する人材が集まるとされる国連機構も、時に人々の交錯によって、ざわつく場面も少なくない。CBDの事務局長交代劇もそうだったかもしれないし、そのほぼ1年前の2018年11月には、UNEP事務局長のエリック・ソルヘイム（Erik Solheim）が、公私混同問題で、辞任に追い込まれている。

UNEPはケニアのナイロビが拠点。だが、ソルヘイムは2016年5月の就任後の668日のうち、約8割の529日を海外出張に充て、そのなかには週末の間だけ自国のノルウェーやパリに往復するケースもあったという。国連専門組織としてのガバナンスが問われる行動履歴である。ソルヘイムがほぼ22カ月間で使った海外出張費用（ファーストクラスの航空機とホテル代）の総額は48万8518ドル（約5100万円）。英国紙Guardianが入手した内部監査の中間報告書は、事務局長の過剰な海外出張について「気候変動問題と闘っているUNEP組織にとって、評判リスクを高めるもの」と指摘している（注9）。

ソルヘイムの過剰海外出張にはたしかに耳を疑う。一方で、国連組織内での微妙な駆け引きがあったとの説もある。ソルヘイムがそれほど頻繁に世界中を飛び回った理由の1つに、中国の「一帯一路イニシアティブ」（ＢＲＩ）を「グリーン化」させるねらいがあったとされる点だ。ＢＲＩにはいまも期待と課題が入り混じっている。だが、グローバルなインフラ建設推進の必要性と、それらをグリーン化させる必要性が高まっていることは無視できない。膨大なインフラ建設で温暖化が加速しないように、さらに自然破壊が進行しないよう、ＵＮＥＰが中国への支援・アドバイスを強化しても不思議ではない。

ただ、国連機関による「ＢＲＩ肩入れ」に、トランプ政権の米国は懸念を示し、２０１８年4月には大量の質問書をＵＮＥＰ事務局に送ってきたという。米国がＵＮＥＰに示した懸念のなかには、ＢＲＩの資金面および、米国が重視する知的所有権保護が保てるのか、といった点も含んでいたとされる。米中対立の火ダネのなかに、「行動派」のＵＮＥＰ事務局長が飛び込んでしまったのか。そのソルヘイムは、第1章で紹介したように、その後、２０２０年12月に公表のＢＲＩのインフラ事業をグリーン化する「グリーン開発ガイダンス」の作成にかかわっていた。理念に基づくものか、あるいは市場派または実務派の観点からなのか。

ポールソンの対中、対自然活動

もう1人、中国との関係を持ち続けている人物が、生物多様性課題に取り組んでいる。ヘンリー・ポールソン（Henry Paulson）だ。

ゴールドマン・サックスの会長兼CEOを務めた後、ジョージ・W・ブッシュ政権下の2006年に米財務長官に就任、2008年9月のリーマンショックの引き金を、まさに引いた人物だ。ポールソンは、同年3月のベア・スターンズ危機では、同社救済に動いた。だが、9月のリーマン・ブラザーズの危機に際しては、公的資金による救済を拒否した。この対照的な行動の結果、リーマンは破綻、市場は政策不信を引き起こし世界金融危機が勃発した。

第1章でみたように、「シカゴの街角」のショアバンクは吹き飛び、欧州債務危機を誘発し、EU－ETSを機能不全に陥らせた。しかし、そこから欧州では資本市場同盟(CMU)が立ち上がり、サステナブルファイナンスの芽を育むきっかけにもなった。

ポールソンは財務長官になる前から、自然保護活動家として知られていた。長らく、米自然保護団体のネイチャー・コンサーバンシー(Nature Conservancy : NC)のメンバーでもあった。中国への思い入れも強く、財務長官時代に当時の江沢民国家主席とともに、雲南省の渓谷に住む野生のトラの保護活動に取り組んだとされる。財務長官退任後、2011年に「ポールソン研究所(Paulson Institute)」を立ち上げた。同研究所は、中国のグリーンファイナンス化、自然保護、人材育成等の活動に取り組んでいる。研究所は「保尔森基金会」の中国名をもつ。

そのポールソン研究所が2020年9月、ポールソンが長くかかわってきたNC、それにコーネル大学のアトキンソン・サステナビリティセンターの3者共同で「生物多様性ファイナンス（Biodiversity Financing）」のレポートを公表した（注10）。各国政府や、ビジネス界、慈善団体等が自然保護や生物多様性保全等に投じる資金は年間1240億から1430億ドル。これに対して、これ以上の動植物の乱獲・減少を防ぎ、自然を再生に向かわせるには、現状の資金に加えて年間6000億から8240億ドル（平均7000億ドル）の追加資金が必要と試算した。年約73兆円だ。

膨大とみるか、限定的とみるか。国連開発計画（UNDP）の代表、アヒム・シュタイナー（Achim Steiner）は「グローバルGDPの1％以下だ。化石燃料へ各国が毎年配分する補助金は年5兆2000億ドル（約550兆円）。それに比べるとごく一部」と指摘している（注11）。シュタイナーは、UNDPの前はUNEP事務局長を2006年から10年務めた。前述のソルヘイムの前任者である。その前は国際自然保護連合（IUCN）事務局長。ドイツ人だがブラジルで育ち、英国のオックスフォード、ロンドン両大学を出るなどの国際人。環境団体と国連組織を行き来する「環境のプロ」だ。

シュタイナーの指摘はそのとおりだ。だが、化石燃料への補助金の背後では、多くの産業・企業の関係者が長年のロビー活動等で積み上げたビジネスと利権の構造が大きく深く根を張っている。自然資源や動植物ビジネス等で収益をあげる産業・農漁業・企業等もまた、分野ごとに利権構造を築いている。これに対して、自然保護や生物多様性保全等の活

図表6-2　生物多様性に反する各セクターへの補助金と資金の流れ

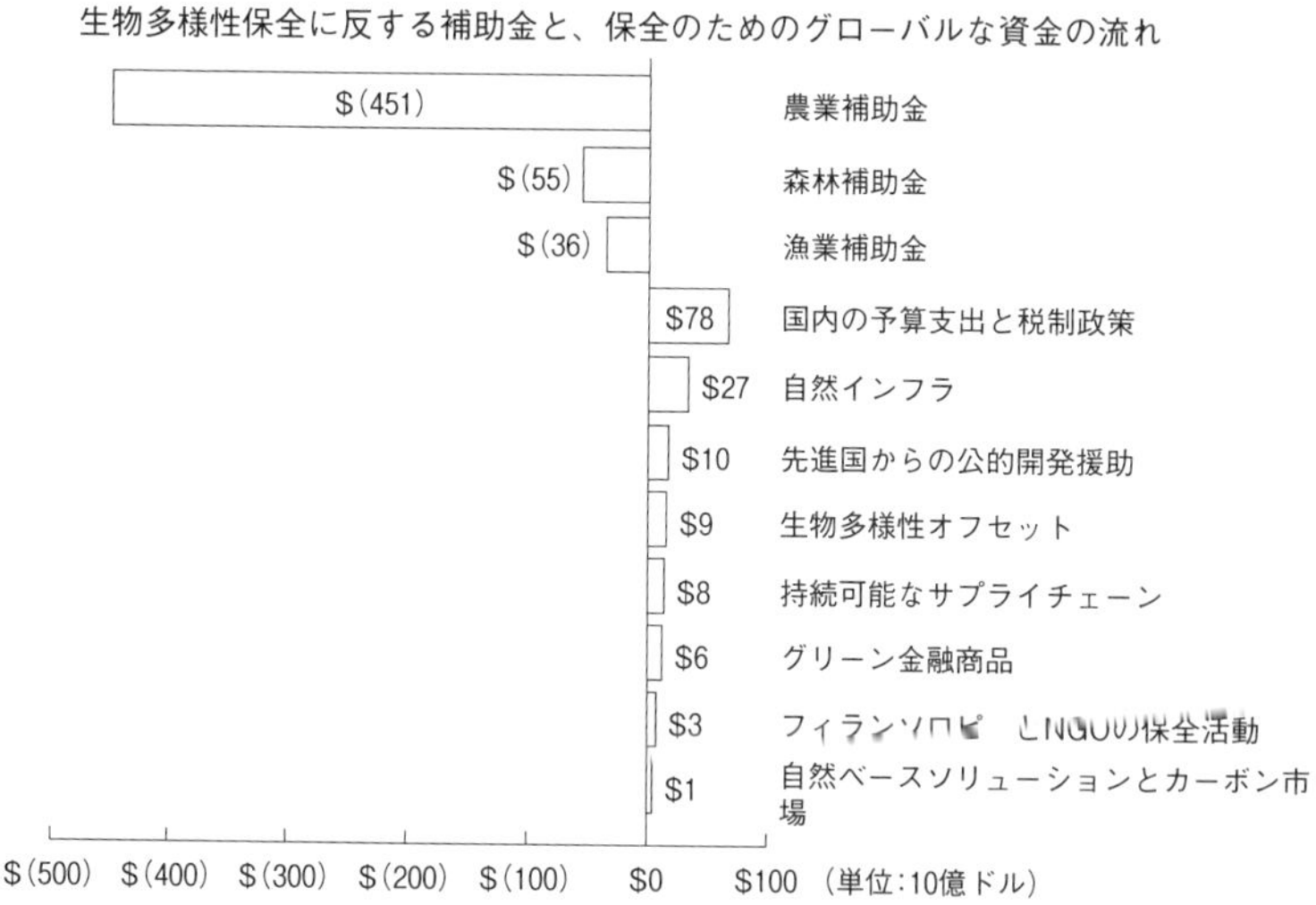

（出所）　The Nature Conservancy等による「Financing Nature：Closing the Global Biodiversity Financing Gap」レポートより

動を高めるよう企業等に呼びかけ、自然搾取型の活動を抑制し、利権構造の縮小・修正を求める活動は、誰がどう担うのか。温暖化加速による自然災害の多発、新型コロナウイルス感染の拡大による各国経済社会の機能不全等が広がっている姿は、そうした自然界からの無言の返答のようにも映る。

　ポールソンの自然保護への奉仕と、中国へのコミットメントも、数少ない自然・生物多様性への対応行動の1つと評価すべきかもしれない。彼自身に、リーマンショックの引き金を引いた影がつきまとうと考えるのは、たぶん、筆者の視野が狭いためだろう。

生物多様性へのファイナンス

２０２０年9月。欧州の資産運用や保険会社を中心とした金融機関26社が、生物多様性の目標を資産運用に盛り込むとともに、世界のリーダーに向けて積極的に働きかけることを宣言する「金融による生物多様性誓約（Finance for Biodiversity Pledge：FBP）」に署名した。署名機関は、①相互の協力と知識の共有化、②企業とのエンゲージメント、③インパクト評価、④目標設定、⑤情報開示、の5項目を、遅くとも２０２４年までに実践することを約束した。現時点では日本の金融機関の署名はない。

署名機関はＡＸＡ（仏）のほか、仏預金供託金庫（仏）、エイゴン（オランダ）、ラボバンク（同）、HSBC Global Asset（英）、J Safra Sarasin（スイス）など。26機関中、21機関が欧州勢。残りは米国から2機関、カナダ、オーストラリア、南アフリカからそれぞれ１機関が参加した。

ＦＢＰ宣言とともに、生物多様性を会計的に評価する「Partnership for Biodiversity Accounting Financials（ＰＢＡＦ）」の評価手法のアウトラインも公表された。ＰＢＡＦは第3章で紹介した投融資先のカーボン排出削減を評価する方法論を開発する「ＰＣＡＦ」の生物多様性版だ（注12）。

軸となる評価手法として「金融機関用の生物多様性フットプリント（Biodiversity Footprint Financial Institutions：BFFI）」と「グローバル生物多様性スコア（GBS）」の活用を提示している。これらをライフサイクルアセスメントのインパクト・アセスメント（LCIA）手法のツールとして活用する。評価に際して重要になるのは、投融資先が抱える生物多様性データの信頼性だ。金融機関が投融資先から直接データを得るほか、オープンソースのデータベースからセクター平均のデータを使うなどが考えられるが、それらのデータをふまえたインパクトのスコア化等が課題となっている。

生物多様性オフセットの考え方も示されている。CBDにも盛り込まれているが、自然・生態系の開発による負の影響を、オフセットによる正の影響で相殺し、事業全体による生物多様性への影響をプラスマイナスゼロの「ノーネットロス（No Net Loss）」とする考えだ。環境団体等による「ビジネスと生物多様性オフセットプログラム（BBOP）」は、①自然への影響負荷を順番化する「ミティゲーション・ヒエラルキー」の遵守、②ノーネットロス、③景観・土地利用への配慮、等の10項目の原則を公表している（注13）。

競合する市場ニーズ

自然や生物多様性のもつ価値を、市場機能を使って評価・把握するこうした試みは、さらに求められ、深められていかねばならない。一方でサステナブルファイナンスで生じている「市場」同士の競合は、自然保護・生物多様性保全の領域でも起きている。森林等のもつCO_2吸収・保全機能を活用するREDD（Reduced Emissions from Deforestation and forest Degradation）の手法をみよう。森林が大気中のCO_2を吸収・固定する機能をもつことはよく知られている。その機能を、市場を使って価値化することで、森林保護、生物多様性保全を進め、温暖化対策にも資することができる。パリ協定第5条第2項でもREDDの実施と支援の行動を奨励している。

REDDの考え方は次のようになる。過去の森林伐採・劣化のトレンドが今後も続くと仮定した場合の将来排出量増加見込みをベースラインとする。それに対して、開発せずに森林を保全した場合の排出量削減分をクレジットとして認証する。森林所有者や森林地域の住民は、森林を保全する見返りにクレジットを得て、それを先進国の企業や機関投資家に売却することで、森林を伐採せずとも、金銭的収入を得られる。

このREDDに、すでに開発・伐採された森林を植林等で復活させるオフセット機能をつけ加えて、森林地帯のCO_2吸収能力を高めるREDD＋の概念もある（図表6－3）。＋がつくことで、クレジット価値はより高くなるはずだ。だが、こうしたREDD、REDD＋の普及には多様な課題がある。

2019年1月にブラジルの大統領に就任したジャイール・メシアス・ボルソナーロ（Jair Messias Bolsonaro）は、開発主義者で知られ、「ブラジルのトランプ」とも呼ばれ

図表6－3　REDD⁺の考え方

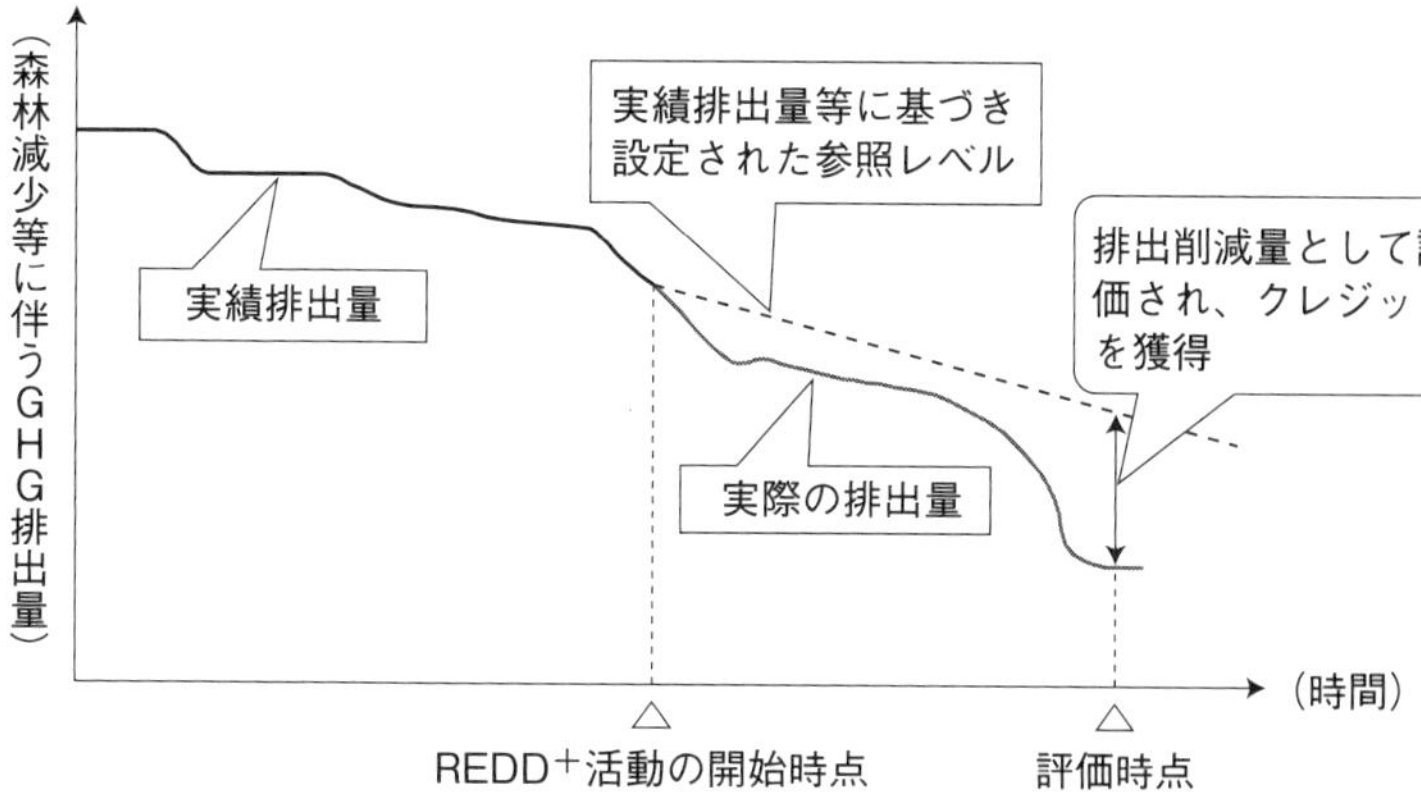

（出所）　森林総合研究所REDD研究開発センターより

る。大統領就任直後から、アマゾンの開発促進を打ち出し、各地で森林火災が発生した。熱帯雨林帯を伐採し、その後を焼き払って農地や牧草地にするためだ。適法、違法入り交じっての森林開発は、ＲＥＤＤの議論をも焼き払ったといえる。

森林資源を伐採するだけでなく、焼き払って、森林を牧場にかえ、肉牛を生産したほうが経済的リターンは多額に、早く手に入る。保全クレジットより、畜産業や農業のほうが確実な収入になる、と考える人は少なくないだろう。実際に、アマゾン地域では「保全のＲＥＤＤ」どころか、森林伐採・野火による「赤い（ＲＥＤの）火災」が毎年燃え広がる。そしてしばらくすると、マネーを生み出す「赤い牛肉」や「黄色い大豆・トウモロコシ」に転じるわけだ。しかし、その分、自然の破壊進行による地球上のバランスが狂い、結果的に生物種としての人類の生存を危うくするリスクも高まっていく。

では、温暖化対策に資すればいいかというと、ここでも競合が生じる。たとえば、森林資源を保全することでＲＥＤＤクレジットやオフセットでキャッシュフローを得られる場合でも、森林のバイオマス資源を再生可能エネルギーとして開発して売却する選択もある。バイオ燃料化のほうが、収入が多く、コスト回収も短期間ですむ。そう考えると事業者の判断は明瞭だ。すでに世界中の熱帯雨林やツンドラの針葉樹林帯等のあちこちで、バイオマス発電燃料を生み出すために、森林の皆伐化が進行している。

皆伐した後に再植林すれば生態系は容易に回復するというわけでもない。ある調査では、新しい樹木は成長過程の44年から１０４年の間は、むしろ大気中のCO_2を増加させるとされる。かつ、皆伐によって、これまで森林が提供してきた豊かな生態系保全の場は失われ、多くの種が消える。

明らかなことは、非財務要因からキャッシュフローを生み出す工夫に加えて、何を優先するかという判断が必要という点だ。しかもその判断は、価格がすでに市場でついている財務的要因よりも、価格がつきにくい非財務要因の特性を考慮しなければならない。そう考えると、優先度の判断基準には一定の強制力を付与して市場による価格づけを制度的にサポートしないと、市場機能だけでは十分な価格づけが機能しない可能性がある。

英仏などの欧州主要国が、「気候変動法」等を設定して気候目標を法制化するのも、EUが全体として「2050年のネットゼロ目標」の共通規則化にこだわるのも、タクソノミーや非財務情報開示を法制化するのも、競合する非財務要因に対する市場ニーズに優先度を付与し、市場が非財務要因の最適選択を効率的に実現できるようにするためのフレームワークを明確にするためといえる。

日本はどうか。菅首相が提唱した「2050年ネットゼロ」は法律で担保されるのだろうか。その時々の政権の「約束」でしかない閣議決定等にとどめるレベルでは、グローバルな信頼感は得られない。長期の法的目標は、実現性を担保するため、5年前後ごとの中期計画等で、達成状況の確認と、それに即した毎年の予算措置・規制点検とで担保される必要がある。そうした法的フレームワークのなかで、目標を実現するための減税や補助金等の支援措置の妥当性、中間行動計画の設定と成果等を検証し、それらをふまえた市場機能との連携をすることで、旧来の政策・利権構造のスクラップ化等も可能になるだろう。

非財務ファイナンスをどう育むか

気候変動分野でも、再エネ等のキャッシュフローを見込める緩和事業とは異なり、物理リスクを抑える適応対策事業へのファイナンスは民間の金融市場だけでは容易には推進できない。対象事業を特定でき、堤防のかさ上げや、洪水対策等の緊急性が明確な事業でも、事業からの経済的リターンが見込めない場合は公的事業として取り組む以外にない。だが、先進国を含めて、温暖化で増大する自然災害を制御するためのインフラ強化事業の資金需要をまかなうには、多くの国が財政資金だけでは対応しきれない状況にある。

第4章でみたISOの14097は金融機関に気候変動の緩和・適応の両面での貢献を求める規格だ。第5章のEUタクソノミーでも、多くの適応事業を分類している。だが、金融機関が適応事業へのファイナンス（Adaptation Finance）に取り組むには、「貢献」を求めるだけでは十分ではない。金融市場は、資金を投じる対象を、時々刻々、比較評価しながら選別する場だ。その対象に非財務要因を含めるには「取り組まざるをえない規制」をかけるか、「取り組むインセンティブ」を与えるかの、どちらかが必要だ。

この点は、本章冒頭でみたコロナ対策等のほか、教育、貧困、飢餓、雇用対策等のSDGsが目指す社会課題へのファイナンスにも、CBDが目指す自然保護や生物多様性保全にも、共通する。インセンティブとディスインセンティブを組み合わせた制度設計が必要なのだ。

本書を締めくくるに際して、そうした制度設計に資すると思われる4点を提案したい。

▼フレームワークの正統化
▼明確な目標の設定
▼ESG情報開示の国際標準化

▼非財務キャッシュフローの創出

▼「フレームワークの正統化（Legitimacy）」

非財務要因を財務評価するための法的な枠組みが必要だ。気候変動対策ならば、欧州諸国のように「気候変動法」に基づいて、国の毎年の予算支出も定める「カーボン・バジェット」を設定する。法律で削減目標と目標達成へのプロセスを設定し、国民と市場に開示することが求められる。ＳＤＧｓの各項目も、雇用や環境、貧困、人権等は、対象企業に遵守を求める法的な枠組みを設けて対応を求めるべきである。企業、投資家、金融機関等の自主的な工夫や発想等は、その枠組みの正統性によって支えられる。法規制は守らねばならないものなので、企業、市場にとっては達成できないとペナルティを課せられる。インセンティブとディスインセンティブの明確化だ。

企業や金融機関の自主的な取組みは、一定の役割を担う。しかし、景気の変動や価値観の相違で取組みが続かなかったり、取組みのウェイトが企業によって異なる等の可能性がある。自主的取組みだからである。単に法律の条文で厳しく言い立てるのではない。ＥＳＧ、サステナビリティの非財務要因を財務評価のなかに統合化する手順を法的に保証するのが最大の目的である。

現在、日本も地球温暖化対策計画で長期的な目標を「２０５０年80％削減を目指す」としている。だが、同長期目標は閣議決定であり、欧州諸国とは違って、法律で担保されていない。また、パリ協定で日本が公約した現行の日本のNDC目標は「1・5度C目標」「2度C目標」と整合していない。国内の主要排出源産業等の想定削減可能量を積み上げ、目標数値と達成年限をおおよその範囲で示しただけのものだ。こうしたフレームワークだと遵守のための法的責務はないので、政権が交代すると、目標が変わる可能性もあり、正統性を欠く。

▼明確な目標の設定

正統なフレームワークの軸になるのが、明確な目標の設定である。現行の日本の「2050年80%削減」の長期目標は、明確なようで、実はあいまいなのだ。菅首相の「2050年ネットゼロ」宣言も同様だ。EUが2050年ネットゼロ目標をふまえて、2030年目標の削減率をパリ協定時の「40%」から「55%」への引上げ論争を展開してきたのは、毎年の対策による削減状況と目標設定との整合性のデータをふまえたうえでの政策対応での綱引きだったといえる（「55%削減」で合意）。

「サイエンスベースド・ターゲット（SBT）」と呼べる目標でなければ、対策も達成計画も組み立てられない。目標設定と対策との整合性を明確にし、毎年の対策が不十分に終わった場合の政策責任も明確にする必要がある。気候変動の場合はパリ協定と整合した目標設定となるが、生物多様性の目標設定はよりむずかしい。その分、法的フレームワークの役割が高まるだろう。ＳＤＧｓも同様だ。17目標に相当する国内目標をできるだけ法的に担保する必要がある。

▼ＥＳＧ情報開示の国際標準化

第3章でみたように、ＴＣＦＤ提言の浸透を受けるかたちで、これまでの民間による複数の自主的なＥＳＧ情報開示方式の調整が進行中である。サステナブルファイナンスは、金融機関が投融資先の非財務、ＥＳＧ、サステナビリティの各要因情報を財務的に評価することで、資金の流れをサステナビリティ分野に向かわせる役割を担う。金融機関がそうした役割を果たすためには、開示情報の信頼性、比較可能性、首尾一貫性等が欠かせない。

ＥＳＧ情報開示を義務とするか、自主的なものとするかで議論は分かれる。だが、気候リスク等の非財務要因が企業価値を左右する場合、基本は、開示は義務、開示された情報の評価は不確実性の程度を含めて市場判断、となるだろう。開示の基準は国際標準が望ましい。特に気候情報はグローバル課題であり、各国がグローバルな責任を負う。

情報開示のもう1つの論点は、非財務情報を財務報告とどう統合するかという点だ。第3章でみたように、非財務情報開示手法の基本スタンスは欧米で異なっている。求められるのが、非財務要因の財務的評価であるとするならば、開示の場が財務報告書になるか、それとも別建ての統合報告書、あるいは非財務報告書になるかは別にしても、財務・非財務の両要素を「財務的に統合した」開示の標準化が望ましいと考えるべきだろう。

▼非財務キャッシュフローの創出

環境・社会のリターンを強調するだけでは、市場資金はサステナビリティ市場にめぐってこない。非財務要因から経済的キャッシュフロー、財務的リターンを生み出す手法や、制度の導入が必要だ。その1つの方法は、環境、社会両面の要因をクレジット等で価格づけする仕組みを取り入れることだ。温暖化対策での排出権取引のように、排出削減努力に価格をつけたり、前述のREDDのように、森林を保全することでキャッシュフローを生み出すことができれば、非財務要因には財務的な価格がつく。

こうした非財務要因の財務化のルールにも、国際的に共通する枠組みを土台とすることが望ましい。気候変動対策では京都議定書で国際排出権取引等の京都メカニズムを展開した経験をもつ。同制度はわれわれの習熟度が不足していたこともあり、十分には機能したと言いがたい。だが、正統な法的フレームワークのなかで、明確な目標を設定し、国際的な情報開示ルールを整備したうえで、非財務要因に価格づけをする方法論の開発にあらためて取り組む価値は十分にある。むしろ、そうした手段を欠くままだと、グリーンボンド等のＥＳＧ債だけでは、市場資金は十分には非財務の市場に流れないと思える。

＊　＊　＊　＊　＊

人類は産業革命以来、経済発展を続けてきた。その発展に伴い生み出される膨大な環境・社会的負荷への対応は、十分には行われてこなかった。大気、水、土壌等に蓄積された人類による環境負荷は、すでに随所で地球の浄化力を超えてしまっている。温暖化の加速で気候変動は常態化し、繁栄と利便性の後処理である廃棄プラスチックは、山野を、海洋を汚染し、搾取型農業・畜産業等の累積負荷は生態系を追い詰め続けている。そして新型コロナウイルス感染拡大によって、人類全体に「変異した負荷」が跳ね返ってきている。「グリーンスワン」が一気に舞い降りてきそうなのだ。

一方で、人類は膨大な富も蓄積してきた。前述したように、グローバル金融市場を日々循環するフローの市場資金だけで、２５８兆ドルに及ぶ。これ以外に不動産や貴金属・絵画等のストックの資産も抱える。これらの富は富裕層に偏在しているという問題もある。だが、社会を維持・機能するための法的フレームワーク、サステナブルファイナンスの仕組みと基準、非財務要因に価格づけをする知恵と方法論、そして人類の決断力と未来への思考——。これらの取組みを連動させ、機能させれば、市場の資金は山が動くがごとく、動くはずだ。動かさねばならない。

（注１）　２０１９年11月22日に中国武漢市で「原因不明のウイルス性肺炎」が確認され、２０２０年1月、世界保健機関（ＷＨＯ）は「国際的に懸念される公衆衛生上の緊急事態（PHEIC）」を宣言。３月11日には「パンデミック（世界的流行）相当」と宣言。

（注２）　Nassim Nicholas Taleb et. al, “Systemic Risk of Pandemic via Novel Pathogens — Coronavirus: A Note”, Jan 2020

（注３）　World Bank, “Pandemic Emergency Financing Facility（PEF）：Proposed Financing from IDA”, 19 Apr 2017
http://documents1.worldbank.org/curated/en/176611494727224133/pdf/IDA-Financing-for-PEF-April-19-2017-04202017.pdf

（注４）　ICMA, “Green and Social Bond Principles with ICMA underline relevance of Social Bonds in addressing COVID-19 crisis and provide additional guidance”, 31 Mar 2020
https://www.icmagroup.org/News/news-in-brief/green-and-social-bond-principles-with-icma-underline-relevance-of-social-bonds-in-addressing-covid-19-crisis-and-provide-additional-guidance/

（注５）　環境金融研究機構、２０２０年10月４日、７月２日
https://rief-jp.org/ct4/104306

（注６）　WEF, “Global Risks report 2020”
http://www3.weforum.org/docs/WEF_Global_Risk_Report_2020.pdf

（注７）　CBD, “Global Biodiversity Outlook 5”, Sept 2020
https://www.cbd.int/gbo/gbo5/publication/gbo-5-en.pdf

（注８）　Climate Home News, “UN biodiversity chief quits. Documents show she had been accused of misconduct”, 31 Oct 2019 https://www.climatechangenews.com/2019/10/31/un-biodiversity-chief-quit-key-summit-accused-misconduct/

（注9） The Guardian, "UN environmental Chief resigns after frequent flying revealation", 20 Nov 2018

https://www.theguardian.com/environment/2018/nov/20/un-environment-chief-erik-solheim-resigns-flying-revelations

（注10） The Nature Conservancy et. al, "Financing Nature: Closing the Global Biodiversity Financing Gap"

https://www.nature.org/content/dam/tnc/nature/en/documents/FINANCINGNATURE_FullReport_091520.pdf

（注11） Climate Home News, "UN summit highlights $700bn funding gap to restore nature", 29 Sept 2020

https://www.climatechangenews.com/2020/09/28/un-summit-highlights-700bn-funding-gap-restore-nature/

（注12） PBAF, "Paving the way towards a harmonized biodiversity accounting approach for the financial sector"

https://www.pbafglobal.com/files/downloads/PBAF_commongroundpaper2020.pdf

（注13） ＢＢＯＰ「生物多様性オフセットに関するＢＢＯＰスタンダード（日本語版）」２０１２年11月

https://www.forest-trends.org/wp-content/uploads/imported/BBOP_ver4.pdf

あとがき

環境金融、サステナブルファイナンスの分野に関心をもつようになったのは、新聞社にいたころだった。１９８０年代後半からのバブルの形成、１９９０年代に入ってからのバブル崩壊、その影響を受けた同年代後半の金融危機──。一連の流れを記者として取材するなかで、金融の役割をあらためて考える機会に何度か巡り合った。

ある金融界伝説の人物は、金融の役割について「親身になること」と語った。与信先を知り、その未来をともに語り、育てていく。「親のように」。だが、目の前には行き詰まったバブル企業の残滓、不良債権の山を抱えて苦吟するエリート銀行員。政策の方向性を示せず呆然と立ち尽くす官僚と政治家。

「親身」になることを忘れ、借り手の身の丈を超える資金を貸し与え、「無限の成長」を前提にした机上の計算による富をふくらませ続けた帳尻が、あうわけはなかった。膨大な公的資金（国民の税金）を投入して、金融システムに開いた傷跡に、何とか応急処理を施した。その後の「デフレ」という自然治癒の時間は長くかかり、いまも尾を引いている。

子どもを慈しみ、優しく、広い心をもった人間に育てていくには、親の役割、あるいは大人の役割が大事であるのは論をまたない。子どもを育む家庭、友達や知り合いと触れ合う近所、学校等の地域の環境・社会、子どもの興味を育てる体験、経験の共有――。普通の人が普通に「親身」になって子育てをするように、金融が企業のために、あるいは経済社会の成長のために「親身」になれるかどうか。

そのためには投融資先の収益力だけではなく、その企業が環境、社会に及ぼす影響、活動も「親身」になって見つめる必要がある。社会の維持に、持続可能性に、貢献する企業こそが、長期的な成長を遂げ、社会の豊かさを築き上げるはずだ。企業が人で構成されているように、そうした思いをもつ人がどれだけ企業内にいて、経営に反映できるか。

バブル期には「バブル紳士」たちや、彼らに翻弄された人々、事後処理に奮闘した人々等、多くの人々に会った。それぞれに多様な思いがあり、人生があった。同様に、経済社会全体をよりよき方向に向かわせる活動に取り組む人々にも、多様で多彩な思いと行動がある。環境、社会という分野で「親身」になって取り組む人々も一様ではない。

使命感を強くもつ人、市場規律を意識する人、ビジネス感覚の人。それぞれが相混ざることで、「機能するサステナブルファイナンス」のフレームワークを築くことができると考える。環境、社会をあくまでも企業経営にとっての「与件」としてだけでとらえ、短期の収益を優先する経営は、バブル期の近視眼的な経営となんら変わりがない。

本書の執筆では、筆者の環境金融・サステナブルファイナンス分野での取材、その後、大学に拠点を移してからの研究、文献等を通じて触れた人々の言動の一端も紹介した。社会は人がつくり、人が動かすと考えるからだ。そうした人々の議論、駆け引き、攻防等のなかから、新たな道筋がみえてくると信じている。筆者も微力ながら、いくつかの取組みに参加してきた。取り組めば一定の成果は見出せる。この間、社会のために「親身」になる思いをもつ内外の多くの人々に出会ったことで、本書を刊行することができた。望外の喜びである。

藤井　良広

2021年1月

■著者略歴■
藤井　良広（ふじい・よしひろ）
大阪市立大学卒。日本経済新聞経済部編集委員を経て、上智大学地球環境学研究科教授。現在、一般社団法人環境金融研究機構代表理事、CBIアドバイザー等を兼務。
主な著書に『環境金融論』（2013年、青土社）、『EUの知識 第16版（日経文庫）』（2013年、日本経済新聞出版社）、『金融NPO（岩波新書）』（2007年、岩波書店）等多数。神戸市出身。

サステナブルファイナンス攻防
——理念の追求と市場の覇権

2021年2月22日　第1刷発行
2022年5月2日　第3刷発行

著　者　藤　井　良　広
発行者　加　藤　一　浩

〒160-8520　東京都新宿区南元町19
発　行　所　一般社団法人 金融財政事情研究会
企画・制作・販売　株式会社 き ん ざ い
出 版 部　TEL 03(3355)2251　FAX 03(3357)7416
販売受付　TEL 03(3358)2891　FAX 03(3358)0037
URL https://www.kinzai.jp/

校正：株式会社友人社／印刷：三松堂株式会社

ISBN978-4-322-13848-1